CATALOGUE DESCRIPTIF

DES

ENVELOPPES

ET BANDES POSTALES

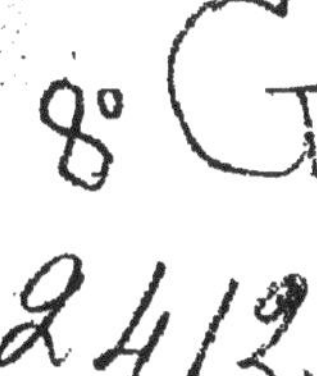

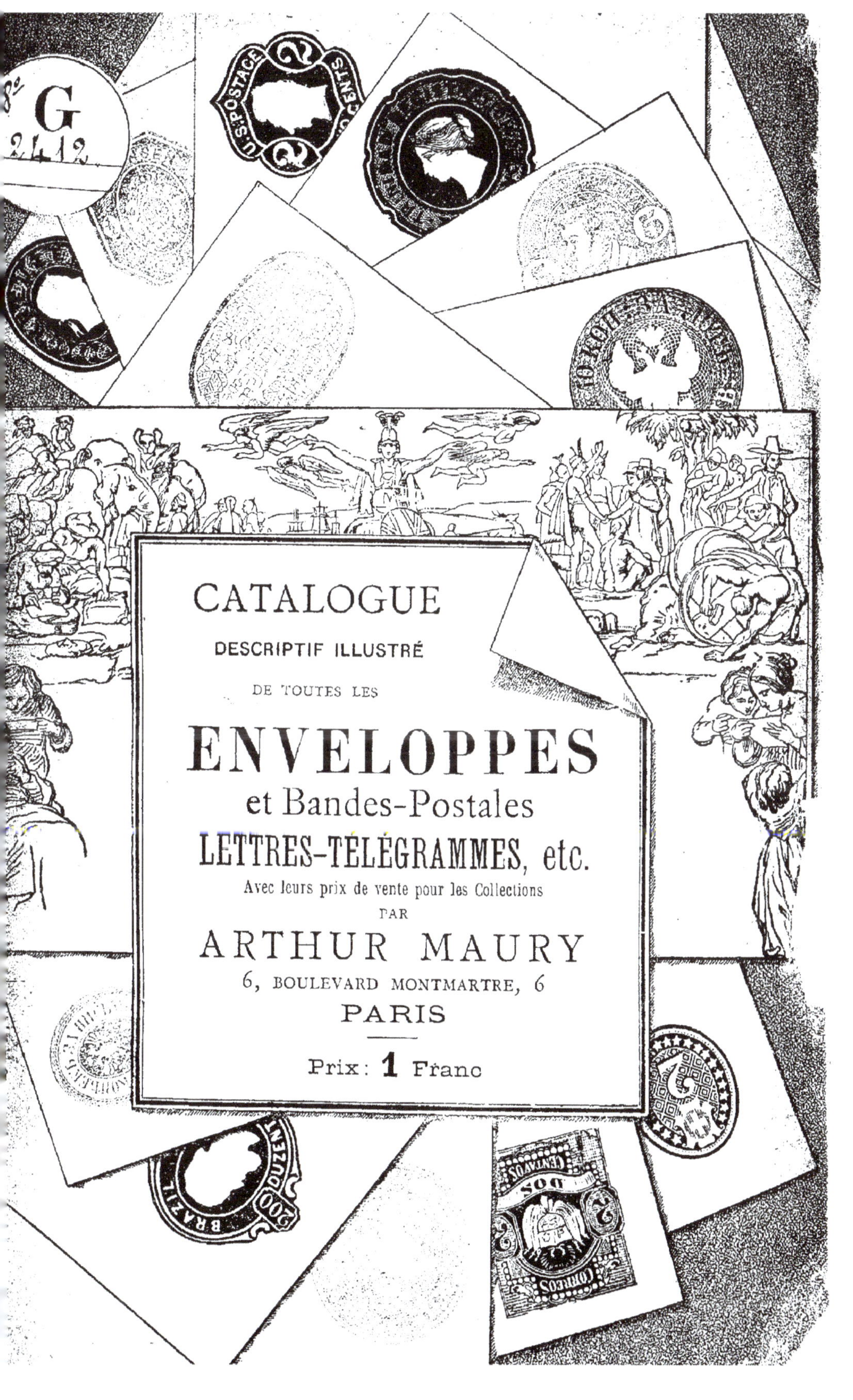
CATALOGUE
DESCRIPTIF ILLUSTRÉ
DE TOUTES LES
ENVELOPPES
et Bandes-Postales
LETTRES-TÉLÉGRAMMES, etc.
Avec leurs prix de vente pour les Collections
PAR
ARTHUR MAURY
6, BOULEVARD MONTMARTRE, 6
PARIS
Prix : 1 Franc
G
2412
U.S. POSTAGE
2 CENTS
BRAZIL
DUZENTOS
200
DOS
CENTAVOS
CORREOS

VINGT-TROISIÈME ÉDITION

CATALOGUE
DESCRIPTIF
DE TOUTES LES
ENVELOPPES
ET BANDES POSTALES, FEUILLES-TÉLÉGRAMMES, ETC.

PARUES DEPUIS LEUR INVENTION
JUSQU'EN 1894

AVEC LEURS DATES D'ÉMISSION
leurs valeurs et leurs couleurs
AINSI QUE LEURS PRIX DE VENTE POUR LES
COLLECTIONS

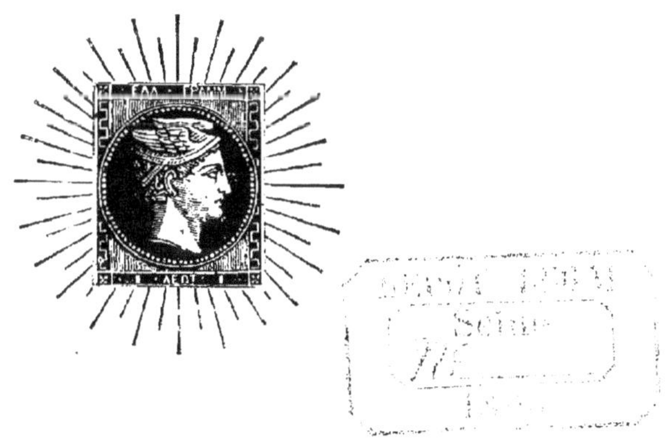

PAR

ARTHUR MAURY

6, BOULEVARD MONTMARTRE, 6

PARIS

LE COLLECTIONNEUR

DE

TIMBRES-POSTE

Journal mensuel illustré

INDIQUANT LES ÉMISSIONS NOUVELLES DE TIMBRES-POSTE, D'ENVELOPPES DE CARTES-POSTE ET DE TIMBRES-TÉLÉGRAPHE

Causerie — Renseignements divers
Réponses aux questions des Collectionneurs
Anecdotes

PRIX-COURANT DES NOUVEAUTÉS
LA HAUSSE ET LA BAISSE DES TIMBRES CATALOGUÉS
OCCASIONS

Abonnement : UN AN, **1** fr. **50** pour tous les pays faisant partie de l'Union postale.

LES ABONNEMENTS PARTENT DU MOIS DE JANVIER

Un Numéro, **15** cent. (franco).

Tous les abonnés reçoivent fin décembre, en *prime gratuite*, le catalogue illustré des timbres parus dans le courant de l'année

---

Adresser les demandes et communications à

ARTHUR MAURY

6, BOULEVARD MONTMARTRE, 6

PARIS

AVIS AUX COLLECTIONNEURS

Ce Catalogue des enveloppes et bandes postales fait suite à notre Catalogue descriptif des timbres-poste.

Il est conçu sur le même plan, c'est-à-dire qu'il ne donne que la collection *normale*, officielle, sans tenir compte, à quelques exceptions près, des variétés extrêmement compliquées :

des formats et des coupes d'enveloppes ;
des pattes, de leurs fleurons, de leurs gommes ;
des papiers de diverses natures et de diverses nuances, sauf papier blanc et papier de couleur, que nous avons maintenus généralement ;
des filigranes ;
des variétés d'une même couleur du timbre de l'enveloppe ;
des retouches subies, pour cause d'usure, par les gravures qui servent à l'impression des timbres ;
des erreurs d'impression, fautes typographiques, etc.

Nous ne contestons pas l'intérêt qu'offrent ces variétés, mais nous avons pensé qu'elles compliqueraient à l'infini le Catalogue.

Par exemple, la nomenclature que l'on trouve ici des enveloppes émises par les États-Unis d'Amérique forme un total déjà élevé de cent sortes environ ; eh bien! ces mêmes enveloppes fournissent plus de quinze cents variétés dans les collections avancées.

Les Collectionneurs commençants se perdraient dans ces détails dont la minutie tombe souvent dans l'exagération, et ils nous sauront gré certainement d'avoir simplifié ce livre fait exprès pour eux.

Pour les termes spéciaux, nous renvoyons à la définition donnée déjà au Catalogue des timbres-poste. Voici en plus les abréviations employées uniquement pour les enveloppes.

Inscriptions obliques ou *transversales* sont les deux lignes d'inscriptions parallèles qui traversent la plupart des anciennes enveloppes d'Allemagne, passant généralement au-dessus du timbre.

"*Registration*" mot anglais, a été employé par nous pour : enveloppes enregistrées, recommandées ou chargées.

Malgré le soin apporté à notre travail, il est probable qu'il s'y trouve quelques erreurs ou omissions : nous recevrons, avec plaisir, toute communication à ce sujet.

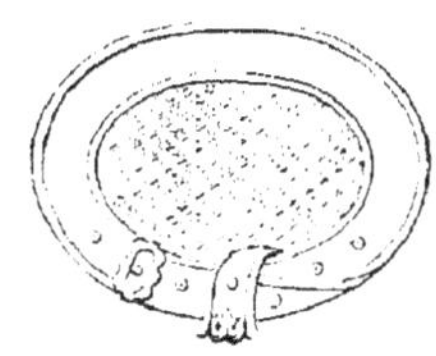

AVIS

Les prix de vente indiqués au présent Catalogue sont ceux des enveloppes et bandes **coupées,** c'est-à-dire le type seul, encadré d'une marge suffisante.

Cependant, lorsque les prix sont précédés de la lettre E (majuscule), nous pouvons fournir les enveloppes ou bandes entières, moyennant un supplément de **10** centimes par pièce.

Lorsque les prix sont précédés de la lettre *c* (*en italique*), les enveloppes, bandes, formules sont fournies entières, sans supplément de prix

Nous enverrons toujours la sorte que nous avons *en nombre,* sans nous préoccuper des variétés de formats, fleurons, papiers, etc.

Les collectionneurs qui recherchent ces variétés pourront également nous passer leurs listes ; mais, comme ils le savent fort bien, les prix de vente seront, dans ce cas, absolument différents.

Nous donnons les prix de *presque toutes les enveloppes et bandes,* mais on comprendra facilement qu'il se produit des vides dans nos provisions ; aussi prions-nous les personnes qui nous adresseront des commandes, de toujours indiquer, à part, un certain nombre de numéros supplémentaires, pour servir à remplacer ceux qui viendraient à nous manquer.

Pour rédiger les listes d'enveloppes demandées, il suffit de mentionner le nom du pays, le numéro d'ordre et le prix de vente ; les autres indications sont inutiles.

Pour la prompte exécution des commandes, il est indispensable que *chaque* numéro d'ordre soit suivi du prix de vente et aussi que nos clients divisent, s'il y a lieu, leurs listes en trois catégories :

1° timbres-poste ou télégraphes ;
2° enveloppes et bandes ;
3° cartes.

Nous prions ceux de nos clients qui ont de grandes collections de nous retourner un de nos catalogues après y avoir effacé d'un trait de crayon tout ce qu'ils possèdent, nous pourrons alors, à coup sûr, leur proposer ce qui leur manque, et de notre côté, nous noterons sur ce même catalogue ce qu'ils conserveront de nos envois ; ainsi nous nous tiendrons à peu près au courant de leurs collections.

Tous nos timbres, enveloppes, cartes, etc., sont garantis authentiques.

Gratis et Franco, nous envoyons aux personnes qui en font la demande des formules de commandes qu'il ne reste plus qu'à remplir, ainsi que des enveloppes imprimées à notre adresse.

Nous prions instamment nos clients de vouloir bien répéter très lisiblement leur nom et leur adresse à chaque commande.

Toutes les demandes doivent être accompagnées de leur payement en papier-monnaie, coupons échus, timbres-poste français neufs, mais de préférence en mandats de poste qui laissent un reçu entre les mains de l'envoyeur.

Les lettres non affranchies seront rigoureusement refusées.

Les demandes de renseignements, propositions d'échanges, doivent être accompagnées d'un timbre pour l'affranchissement de la réponse.

CATALOGUE DESCRIPTIF

DES

ENVELOPPES

ET BANDES POSTALES, FEUILLES-TÉLÉGRAMMES, ETC.

AVEC LEURS PRIX DE VENTE, NEUVES OU OBLITÉRÉES

POUR LES COLLECTIONS

Les commandes doivent être accompagnées de leur paiement en papier monnaie, mandats de poste, timbres français neufs.

AÇORES

POSSESSION PORTUGAISE

Afrique Nord

Enveloppes

1879. *Timbre portugais de 1871,* AÇORES *en grande surcharge noire, papier chamois.*

Nos			Neuves.	Oblitér.
36.	25 reis	bleu.	E 2f »	» »
37.	50 »	rose.	E 2f50	» »

1883-85. *Idem, petite surcharge.*

55.	25 reis	bleu.	E 1f »	» »
69.	50 »	rose.	E 1f50	» »

ANGRA

Enveloppes

1893. *Effigie de don Carlos, papier chamois.*

Nos			Neuves.	Oblitér.
15.	25 reis	vert.	E » 50	» »
16.	50 »	bleu.	E » 75	» »

HORTA

Enveloppes

1893. *Effigie de don Carlos, papier chamois.*

15.	25 reis	vert.	E » 50	» »
16.	50 »	bleu.	E » 75	» »

NOTA. — *Lire à la page ci-contre l'explication des abréviations* E *ou* e *qui est très* **importante.**

PONTA-DELGADA

Enveloppes

1893. *Effigie de don Carlos, papier chamois.*

Nos		Neuves.	Oblitér.
15.	25 reis vert.	E » 50	» »
16.	50 » bleu.	E » 75	» »

AFRIQUE ORIENTALE

(Compagnie anglaise de l')

Afrique Orient

Enveloppes

1891. *Soleil et couronne, relief et couleur (pour lettres enregistrées).*

18. 2 annas bleu. . . . . . E 1f » » »

1893. *Soleil et couronne, relief et couleur, papier blanc.*

20. 2½ annas vert clair. . E 1f » » »

AFRIQUE DU SUD

(Compagnie anglaise de l')

Enveloppes

1892. *Armes (pour lettres enregistrées)*

Nos		Neuves.	Oblitér.
21.	2 pence bleu.	E 1f »	» »

1893. *Même genre 1892.*

22. 4 pence bleu. . . . . E 1f50 » »

AFRIQUE CENTRALE

Enveloppe

1893. *Enveloppe de la Cie Anglaise de l'Afrique du Sud de 1892 avec surcharge noire.*

16. 4 p. sur 2 p. bleu. . » » » »

ALLEMAGNE

ÉTATS DU NORD

Desservis par l'office du prince de TOUR et TAXIS

Enveloppes

1861. *Chiffre, relief et couleur, inscriptions obliques lilas.*

15.	½	sgr.	orange . . .	»	»	»	»
16.	1	»	rose	»	»	»	»
17.	2	»	bleu foncé. .	»	»	»	»
18.	3	»	bistre. . . .	»	»	»	»

1862. *Idem, inscriptions obliques couleur des timbres.*

Nos				Neuves.	Oblitér.
26.	½ sgr.	jaune orange	E 2f 50	»	»
27.	1 »	rose	E 2f 50	»	»
28.	2 »	bleu	» »	»	»
29.	3 »	bistre	E 3f »	»	»

1865. *Idem.*

38. ¼ sgr. noir . . . . » » » »

ALLEMAGNE

ÉTATS DU SUD

Desservis par l'office du prince de Tour et Taxis

Enveloppes

1861. *Chiffre, relief et couleur, inscriptions obliques lilas.*

12.	2 kr.	jaune	»	»	»	»
13.	3 »	rose.	»	»	»	»
14.	6 »	bleu.	»	»	»	»
15.	9 »	bistre	»	»	»	»

1862. *Idem, inscriptions obliques couleur des timbres.*

20.	2 kr.	jaune	E 2f 50	»	»
21.	3 »	rose.	E 2f »	»	50
22.	6 »	bleu.	E 2f 50	1f	»
23.	9 »	bistre	E 2f 50	»	75

1865. *Idem.*

30. 1 kr. vert. . . . . . . » » » »

ALLEMAGNE DU NORD

CONFÉDÉRATION

Enveloppes

1868. *Chiffre, inscriptions obliques grises.*

Nos				Neuves.	Oblitér.
14.	1 gr.	carmin . . .	E 1f 25	»	25
15.	3 kr.	carmin . . .	» »	»	»

1868. *Enveloppes surtimbrées : Timbre 1868 collé sur enveloppes anciennes de Brunswick, Mecklembourg-Strelitz, Oldenbourg, Prusse et Saxe.*

17.	1 gr.	rose.	E 15f »	»	»
18.	2 »	bleu.	» »	»	»
19.	3 kr.	rose.	E 15f »	»	»

1868. *Enveloppes de la Société Victoria, type 1868. (Invalides de la guerre.)*

16. ⅓ gr. vert . . . . » » » »

Enveloppes de guerre

1870. *Composition typographique:* Feldpostbrief ; *types variés.*

31. noir s. blanc ou brun » » » »

Bandes

1868. *Type des enveloppes 1868.*

Nos				Neuves.	Oblitér.
12.	⅓	gr.	vert.	E » 75	» »
13.	1	kr.	vert.	E 1f 25	» »

ALLEMAGNE

EMPIRE

Europe Centre

Enveloppes

1871. *Aigle maigre, relief et couleur, inscriptions transversales grises.*

14.	1	gr.	rose	E 1f 50	» »
15.	3	kr.	rose	E 1f 50	» »

1872. *Idem, aigle gros.*

37.	1	gr.	rose	E 1f 50	» »
38.	3	kr.	rose.	» »	» »

1871-72. *Idem. Enveloppes spéciales à la Société Victoria (Invalides de la guerre), petit ou gros aigle, inscriptions noires diverses.*

18.	⅓	gr.	vert.	» »	» »

1873. *Type 1872, sur papier blanc ou teinté, pas d'inscriptions transversales grises. Enveloppes de commande.*

Nos				Neuves.	Oblitér.
47.	¼	gr.	violet	» »	» »
48.	⅓	»	vert. . . .	» »	» »
49.	½	»	orange. . .	» »	» »
50.	1	»	rose. . . .	E 1f »	» »
51.	2	»	bleu. . . .	» »	» »
52.	2½	»	brun . . .	» »	» »
53.	5	»	bistre . . .	» »	» »
54.	1	kr.	vert. . . .	» »	» »
55.	2	»	orange . .	» »	» »
56.	3	»	rose. . . .	» »	» »
57.	7	»	bleu . . .	» »	» »
58.	9	»	brun . . .	» »	» »
59.	18	»	bistre . . .	» »	» »

1873. *Type des enveloppes de 1872, pas d'inscriptions transversales grises.*

60.	1	gr.	rose. . . .	E 1f »	» »
61.	3	kr.	rose. . . .	E 1f »	» »

1875. *Aigle, relief et couleur, pfennige avec* **e** *final, papier azuré ou blanc.*

75.	10	pf.	rose	1f 50	» 50

1878. *Idem, pfennig sans* **e** *final, papier blanc, azuré ou rosé.*

97.	10	pf.	rose.	E » 40	» 10

1889. *Aigle, sans relief.*

117.	10 pfennig carmin . . .	E 1f 50	» »

Bandes

1871. *Type des enveloppes de 1871, aigle maigre.*

12.	⅓	gr.	vert	E » 60	» »
13.	1	kr.	vert	E 2f »	» »

1872. *Type des enveloppes de 1872, aigle gros.*

Nos				Neuves.	Oblitér.
35.	⅓	gr.	vert	E » 35	» »
36.	1	kr.	vert	E » 35	» »

1875. *Couronne, chiffre et cor, pfennige avec* **e** *final.*

76.	3 pf.	vert	E » 50	» »

1880. *Idem, pfennig sans* **e** *final.*

106.	3 pf.	vert	E » 15	» 10

1889. *Couronne et chiffre.*

119.	3 pf.	brun.	E » 50	» 25

Enveloppe de la poste pneumatique de BERLIN

1876. *Type des enveloppes de 1878, inscriptions noires, papier rose.*

94.	30 pf.	bleu foncé . . .	e 1f 50	e » 75

1889. *Type des enveloppes de 1889, inscriptions noires gothiques.*

118.	30 pf	bleu.	e 1f »	» »

ANJOUAN

Sultanat

PROTECTORAT FRANÇAIS

Afrique, Sud Orient

Enveloppes

1892-94. *Groupe allégorique (Navigation et Commerce).*

Nos			Neuves.	Oblitér.
14.	5 cent.	vert sur blanc.	E » 15	» »
15.	15 »	bleu sur azuré.	E » 35	» »
20.	25 »	noir sur rose .	E » 50	» »

ANTILLES DANOISES

Amérique Centrale, Antilles

Enveloppes

1877-78. *Chiffre, couronne, relief et couleur.*

16.	2 cents	bleu.	E » 40	» »
14.	3 »	rouge	E » 60	» 25

ARGENTINE

RÉPUBLIQUE

Amérique du Sud, Centre

Enveloppes

1876. *Effigie à gauche, relief et couleur*

Nos		Neuves.	Oblitér.
23.	5 c. rouge *Rivadavia.*	3f50	» »

1878. *Effigies diverses, relief et couleur, papier paille.*

32. 8 c. rose *Chiclana*. . E 1f » » 20
33. 16 » vert *Avellaneda* E 1f75 » 75

34. 24 c. bleu *Vieytes* . . E 2f75 » »

1882. *Chiffre, relief et couleur, papier blanc.*

Nos		Neuves.	Oblitér.
49.	12 c. bleu pâle	E 1f50	» »

1888. *Effigies diverses, lithographiés.*

77. 5 c. carmin *Rivadavia* E » 75 » »
78. 10 » brun *Avellaneda*. E 1f25 » »

79. 15 c. bleu *Paz*. . . . . E 1f75 » »

1890. *Enveloppe de 1878 avec valeur en surcharge noire ou rouge.*

105. 5 sur 8 cent. rose. . E 1f » » 50

1892. *Effigie de 3/4 à gauche (Rivadavia), papier chamois.*

126. 5 centavos carmin . E » 50 » »

Bandes

1878-80. *Effigies, types divers, papier chamois clair.*

Nos		Neuves.	Oblitér.
35.	1 c. carmin *de Arenales* E	» 20	» 15
36.	1 » rouge *id.* E	» 35	» 15
36a.	4 » bleu *Agüero* . . . E	» 60	» 30

1882. *Soleil et lettre, bordure formée de points blancs espacés, papier jaune.*

48.	½ c. brun . . . . E	» 20	» 15

1884-88. *Idem, bordure formée de points blancs serrés; plusieurs variétés très différentes de gravure.*

61.	½ c. brun rouge *1re var.* E	» 25	» 15
84.	½ » brun, *2e var.* E	» 15	» »

1889. *Armes,* CORREOS Y TELEGRAFOS, *papier chamois.*

92.	½ centavo brun . . . E	» 15	» »

1890-91. *Effigie diverses, légende* CORREOS Y TELEGRAFOS, *papier chamois.*

Nos		Neuves.	Oblitér.
107.	1 c. vert, *Belgrano*. E	» 20	» »
114.	2 » violet *Alvear*. . E	» 35	» »
99.	4 » bleu, *Aguero*. . E	» 40	» »

1892. *Effigie de 3/4 à gauche (Rivadavia), papier chamois.*

127.	½ centavo bleu ciel . E	» 10	» »
128.	1 » brun clair. E	» 15	» »
129.	2 » vert. . . . E	» 25	» »
130.	4 » vert gris . E	» 40	» »

Feuille-télégramme

1888. *Effigie de face du président Celman, armes et inscriptions noires.*

76.	40 c. bleu . . . . e	1f 50	» »

AUSTRALIE OCCIDENTALE

POSSESSION ANGLAISE

Océanie Australasie

Feuille-télégramme

1882. *Effigie à gauche (Victoria I), relief et couleur, formule et armoiries noires, papier blanc.*

Nos		Neuves.	Oblitér.
38.	1 shill. rose	*e* 3f 50	» »

AUSTRALIE DU SUD

POSSESSION ANGLAISE

Océanie Australasie

Bandes

1882. *Effigie à gauche (Victoria I), papier blanc.*

39. ½ penny violet . . . . E » 50 » »

1884. *Même type, refait, ornements un peu plus détaillés, papier blanc ou chamois.*

43. ½ penny lilas . . . . E » 25 » »

1889. *Même effigie, papier chamois.*

Nos		Neuves.	Oblitér.
60.	1 penny vert.	E » 40	» »

AUTRICHE

EMPIRE

Europe Centre

Enveloppes

1861. *Effigie à droite (François-Joseph I), relief et couleur.*

				Neuves.	Oblitér.
31.	3	kr.	vert	E » 50	» »
32.	5	»	rouge	E » 50	» »
33.	10	»	brun.	E » 75	» »
34.	15	»	bleu	E 1f 25	» »
35.	20	»	orange. . . .	E 1f 50	» »
36.	25	»	brun.	E 1f 50	» »
37.	30	»	violet	E 2f 25	» »
38.	35	»	brun clair . .	E 2f 50	» »
	La collection des 8 envel.			E 10f »	» »

1863. *Aigle, relief et couleur.*

				Neuves.	Oblitér.
44.	3	kr.	vert	E » 50	» »
45.	5	»	rose	E » 50	» »
46.	10	»	bleu	E » 75	» »

Nos				Neuves.	Oblitér.
47.	15 kr.	brun	E	1f25	» »
48.	25 »	violet	E	1f50	» »

La collection de 5 envel. E 4f » » »

Les prix indiqués aux émissions de 1861 et de 1863, sont ceux des enveloppes réimprimées.

1867. *Effigie à droite, sans relief.*

				Neuves.	Oblitér.
57.	3 kr.	vert	E	» 25	» »
58.	5 »	rose	E	» 35	» 05
59.	10 »	bleu	E	» 60	» »
60.	15 »	brun	E	1f »	» »
61.	25 »	violet	E	1f50	» »

1883. *Aigle et chiffre.*

				Neuves.	Oblitér.
114.	5 kr.	rose s. blanc	E	» 35	» »
115.	5 »	rose s. chamois	E	» 35	» »

1890. *Effigie à gauche (François-Joseph I), papier chamois ou blanc.*

168. 5 kreuzer rose . . . » 25 » »

Bandes.

1872. *Type des enveloppes de 1867, effigie à droite.*

75. 2 kr. jaune . . . . E » 25 » »

1883. *Type des enveloppes de 1883, aigle et chiffre.*

Nos				Neuves.	Oblitér.
116.	2 kr.	bistre	E	» 15	» »

1890. *Effigie à gauche (François-Joseph I), papier chamois.*

152. 2 kreuzer brun . . . E » 15 » »

Poste pneumatique de VIENNE

Feuille-télégramme

1873. *Effigie à droite, formule en noir :* TELEGRAMM, *etc.*

91. 50 kr. noir. . . . . . » » » »

92. 50 » gris lilas . . . *e* 2f50 » »

Feuille-formule

1875. *Timbre-télégraphe de 1873 en bas à gauche, inscriptions noires :* PNEUMATISCHER BRIEF, *etc.*

95. 20 kr. bleu . . . . . *e* 2f » » »

Enveloppes

1875. *Même timbre, inscriptions noires :* PNEUMATISCHER BRIEF.

Nos		Neuves.	Oblitér.
94.	20 kr. bleu	E 2f 50	» »

1881. *Idem, inscriptions noires :* BRIEF zur pneumatischen Expressbeförderung, *etc.*

94a.	20 kr. bleu	» »	» »

1883. *Timbre des enveloppes de 1883, en bas à gauche, mêmes inscriptions.*

122.	20 kr. gris	E 2f »	» »

1887. *Idem.*

132.	15 kr. gris	E 1f 50	» »

1889. *Même timbre en haut à droite, inscriptions noires, papier rose.*

137.	15 kr. gris	E 1f »	» »

1890. *Type de l'enveloppe de 1890, papier rose.*

170.	15 kreuzer lilas	» 75	» »

1892. *Même genre, inscriptions modifiées, papier rose.*

180.	15 kreuzer violet	» »	» »

BADE

GRAND-DUCHÉ

Europe Centre

Enveloppes

1858. *Effigie à droite (grand-duc Frédéric), relief et couleur.*

10.	3 kr. bleu	E 20f »	» »
11.	6 » jaune	» »	» »
12.	9 kr. rose	E 30f »	» »
13.	12 » bistre	» »	» »
14.	18 » rouge	» »	» »

1862. *Idem.*

32.	3 kr. rose	» 35	» 15
33.	6 » bleu	1f 50	» »
34.	9 » bistre	2f »	» »

Enveloppe de guerre

1870. *Composition typographique :* Grossh. Badische Division, *en haut*, Feldpostbrief, *en bas, etc., le tout en gothique.*

29.	noir sur blanc	» »	» »

BAHAMAS

POSSESSION ANGLAISE

Amérique Centrale, Antilles

Enveloppe

1881. *Effigie à gauche (Victoria I), relief et couleur.*

10.	4 pence violet	E 1f 50	» »

1891. *Idem, avec valeur en surcharge rouge ou noire.*

22.	2½ d. sur 4 p. violet	E 5f »	» »

1892. *Même genre, relief et couleur.*

24.	2½ pence bleu pâle	E 1f »	» »

1893. *Même genre (registration).*

Nos		Neuves.	Oblitér.
25.	2 pence bleu.	» 75	» »

BAMRA

ÉTAT INDIEN

Asie Sud

Enveloppe

1890. *Timbre à la patte, cadres divers sur la face, papier blanc ou gris, plusieurs formats.*

14. ½ anna noir . . . . » » » »

1891. *Timbre à droite, inscriptions et cadre.*

15. ½ anna noir . . . . . . » 40 » »

BARBADE

POSSESSION ANGLAISE

Amérique Centrale, Antilles

Enveloppes

1882. *Effigie à gauche (Victoria 1), relief et couleur.*

32. 1 penny rose . . . . E » 50 » »

1882. *Même genre, types divers, "registration".*

Nos		Neuves.	Oblitér.
33.	1 penny rose . . . . E	» 50	» »
42.	2 pence bleu ciel. . . E	» 75	» »
34.	4 » gris violet. . .	» »	» »

1893. *Enveloppe de 1882 avec valeur en surcharge noire ou violette.*

60. ½ d. sur 1 p. rose . . E 1f » » »

Bandes

1882. *Même effigie, sans relief, deux types, papier chamois.*

35. ½ p. brun *carré* . . . » 20 »

36. 1 » rose *oblong* . . E » 35 » »

1893. *Idem, avec valeur en surcharge violette.*

61. ½ d. sur 1 p. rose . . . » 75 » »

BAVIÈRE

ROYAUME

Europe Centre

Enveloppes

1869. *Armes, relief et couleur, inscriptions transversales noires.*

30. 3 kr. rose . . . . . E 1f25 » »

1874. *Idem, sans inscriptions noires.*

Nos		Neuves.	Oblitér.
67.	3 kr. rose.	» 35	» »

1875. *Enveloppes de commande, armes, cors en haut, relief et couleur.*

70.	1 kr. vert.	E 1f25	» »
71.	3 » rose.	» »	» »

1876. *Même genre, chiffres en haut, relief et couleur.*

81. 10 pf. rose. . . . . . . » » » »

Bandes

1874. *Armes, cors en haut, relief et couleur.*

66. 1 kr. vert. . . . . . . E » 75 » »

1876. *Idem.*

82. 3 pf. vert. . . . . . . E » 25 » »

1890. *Idem.*

117. 3 pf. brun . . . . . E » 75 » »

BÉCHUANALAND BRITANNIQUE

Afrique Sud

1886. *Enveloppe "registration" du Cap de Bonne-Espérance avec surcharge noire* BRITISH BECHUANALAND *en lettres majuscules ou minuscules.*

Nos		Neuves.	Oblitér.
9.	4 pence bleu.	E 3f »	» ».

1887. *Enveloppe "registration" de la Grande-Bretagne de 1878 avec* BRITISH BECHUANALAND *au-dessus du timbre et valeur en noir.*

26. FOUR pence sur 2 p. bleu » » » »

1890. *Enveloppe de Grande-Bretagne de 1855, avec* FOR REGISTRATION ONLY *en surcharge noire cintrée et* BRITISH BECHUANALAND *en ligne horizontale.*

41. 4 pence rouge. . . . . E 1f75 » »

Bandes

1887. *Bandes du Cap de Bonne-Espérance de 1881-82, avec* British Bechuanaland *en surcharge noire sur le timbre.*

Nos		Neuves.	Oblitér.
13.	½ penny gris . . . . . E	» 35	» »
14.	1 » brun rouge. . E	» 50	» »

1887. *Bandes de la Grande-Bretagne de 1878-79 avec* BRITISH BECHUANALAND *en surcharge noire au-dessus et au-dessous du timbre.*

27.	½ penny brun. . . . . E	» 25	» »
28.	1 » brun. . . . . E	» 40	» »

PROTECTORAT ANGLAIS

Enveloppes employées pour les correspondances entre **Vryburg** et les villes de **Kanya, Molepolole, Shoshong, Gubuluvays,** etc.

1888. *Enveloppe "registration" du Béchuanaland, de 1887, avec* Protectorate *en surcharge noire.*

12. 4 pence bleu. . . . . » » » »

1889. *Enveloppe "registration" du Cap de Bonne-Espérance avec* BECHUANALAND PROTECTORATE *en haut et en bas du timbre en surcharge verte ou noire.*

Nos		Neuves.	Oblitér.
15.	4 pence bleu. . . . . E	2f »	» »

BELGIQUE

ROYAUME

Europe Centre, Occident

Enveloppe

1873. *Effigie à gauche (Léopold II), relief et couleur.*

45. 10 cent. vert. . . . . E » 35 »

1893. *Timbre dominical, papier blanc*

105. 10 cent. brun rouge . E » 25 » »

Enveloppe-lettre

1888. *Même effigie à gauche, sans relief, papier azuré.*

81. 10 centimes carmin . . E » 35 » »

1893. *Timbre dominical, papier azuré.*

Nos		Neuves.	Oblitér.
106.	10 cent. carmin . . . E	» 25	» »

Feuille-télégramme

1865. *Armes relief et couleur, formule typographique noire, papier jaune, plusieurs types.*

19. 50 cent. jaune . . . . » » » »

BÉNIN

COLONIE FRANÇAISE

Afrique Occident

Enveloppes

1893. *Groupe allégorique (Navigation et Commerce).*

23. 5 cent. vert sur blanc. E » 15 » »
24. 15 » bleu azuré . . E » 35 » »

1894. *Bleu, mais avec* BÉNIN *seulement.*

49. 5 cent. vert sur blanc E » 15 » »
50. 15 » bleu sur azuré. E » 35 » »
51. 25 » noir sur rose. E » 50 » »

BERMUDES

POSSESSION ANGLAISE

Amérique du Nord, Orient

Enveloppe

1892. *Effigie à gauche, relief et couleur (pour lettres enregistrées.)*

Nos		Neuves.	Oblitér.
20.	2 pence bleu . . . . . E	» 75	» »

BOLIVIE

RÉPUBLIQUE

Amérique du Sud, Centre

Enveloppes

1887. *Armes, onze étoiles, papier chamois clair.*

26. 5 centavos bleu. . . . E 1f » » 25
27. 10 » orange . . E 1f50 » 30

1894. *Même genre.*

55. 5 centavos vert. . . . E » 60 » »
56. 10 » brun clair. E 1f25 » »

BOSNIE & HERZÉGOVINE

Europe Sud, Orient

Enveloppe

1882. *Armes.*

Nos		Neuves.	Oblitér.
10.	5 kr. rose.	E » 50	» »

BRÊME

VILLE LIBRE

Europe Centre

Enveloppes

1857. *Armes (clef), ovale.*

5.	noir sur blanc . . .	» »	» »
6.	noir sur bleu. . .	» »	» »

BRÉSIL

EMPIRE

Amérique du Sud, Centre Orient

Enveloppes

1867. *Effigie à gauche (Don Pedro II), relief et couleur.*

43.	100 reis	vert.	E 2f »	» »
44.	200 »	noir	E 1f50 »	» »
45.	300 »	rouge. . . .	E 3f »	» »

1889. *Idem.*

Nos			Neuves.	Oblitér.
95.	100 reis	vert bleu . .	E 1f »	» »
96.	200 »	noir	E 1f 25	» »
97.	300 »	carmin . . .	E 2f »	» »

1892. *Effigie de Liberté à gauche, relief et couleur.*

165.	100 reis rouge. . . .	E » 75	» »

1893. *Même genre.*

171.	100 reis	rouge. . . .	E » 60	» »
172.	200 »	lilas. . . .	E 1f 25	» »

Bandes

1889. *Genre des enveloppes de 1867, relief et couleur, valeur inscrite par erreur en espagnol, papier chamois.*

116.	20 reis	violet.	» »	» »
117.	40 »	bleu	» »	» »
118.	60 »	violet brun . .	» »	» »
	La série des 3 bandes.		E 3f »	» »

1889. *Idem, valeur rectifiée en portugais.*

Nos			Neuves.	Oblitér.
119.	20 reis	violet	» »	» »
120.	40 »	bleu	» »	» »
121.	60 »	violet brun . .	» »	» »
	La série des 3 bandes.		E 1f50	» »

1893. *Effigie de Liberté à gauche, relief et couleur, papier chamois.*

173.	20 reis	vert clair. . .	E » 25	» »

BRUNSWICK

DUCHÉ

Europe Centre

Enveloppes

1855. *Cheval, relief et couleur.*

10.	1 silb.	jaune . . .	4f »	» »
11.	2 »	bleu. . . .	4f »	» »
12.	2 »	bleu ciel. .	» »	» »
13.	3 »	rose. . . .	5f »	» »

1866. *Même genre, petit.*

27.	1 gros.	rose	E 3f »	» »
28.	2 gros.	bleu	» »	» »
29.	3 »	brun	E 2f »	» »

CANADA

POSSESSION ANGLAISE

Amérique du Nord, Nord

Enveloppes

1860. *Effigie à gauche (Victoria I), relief et couleur.*

18.	5 cents	rouge	6f »	» »
19.	10 »	brun	6f »	» »

1877. *Même effigie, relief et couleur.*

41.	1 cent	bleu	E » 20	» »
42.	3 »	rouge. . . .	E » 40	» »

Bandes

1875. *Même effigie à droite, papier jaune.*

36.	1 cent	bleu.	1f »	» »

1882. *Idem, type modifié, papier jaune.*

Nos		Neuves.	Oblitér.
46.	1 cent. bleu ciel. . . . E	» 40	» »

1892. *Même genre, papier chamois.*

50.	1 cent. bleu	» 20	» »

1894. *Même genre, papier azuré.*

58.	1 cent. noir	» »	» »

CAP DE BONNE-ESPÉRANCE

POSSESSION ANGLAISE

Afrique Sud

Enveloppe

1882. *Effigie à gauche (Victoria I), relief et couleur, " registration ".*

31.	4 pence bleu . . . . E	1f 50	» »

1892. *Même genre.*

40.	1 penny rose . . . . E	» 50	» »

Bandes

1881-82. *Même effigie à gauche, deux types, papier chamois.*

Nos		Neuves.	Oblitér.
33.	½ penny gris vert . . E	» 25	» 20
29.	1 » brun rouge . E	» 40	» »

1892. *Timbre ovale, papier blanc.*

43.	1 ½ p. gris vert. . . .	» »	» »

1894. *Type de 1881-82, papier chamois.*

45.	½ penny vert. . . . . E	» 20	» »

CEYLAN

POSSESSION ANGLAISE

Asie Sud

Enveloppes

1858. *Effigie à gauche (Victoria I), relief et couleur, cadres divers, papier blanc.*

15.	1 p. bleu	*ovale.* . . E	3f 50	» »
16.	2 » vert	» . . .	6f »	» »
17.	4 » rose	» . . .	10f »	» »
18.	5 » br. foncé	» . . .	10f »	» »

Nos		Neuves.	Oblitér.
19.	6 p. brun violet *rond*. 12f	» »	»
20.	8 » brun gris *octog*. »	» »	»

21.	9 p. violet *rectangle*. »	» »	»
22.	1 sh. jaune *rond* . . . »	» »	»
23.	1 » 9 p. vert *rectangle* »	» »	»

24.	2 sh. bleu foncé *octog*. »	» »	»

1869. *Même genre, papier azuré.*

52.	6 p. brun violet *rond* »	» »	»
53.	10 » orange *ovale*. . »	» »	»

1872. *Même genre.*

62.	4 cents bleu clair . . 2f	» »	»

1877. *Ovale, type du no 17.* . .

Nos		Neuves.	Oblitér.
65.	4 cents bleu clair . . E	» 75	» 35

1880. *Même genre "registration".*

68.	12 cents rose . . . . E	2f »	» »

1885. *Idem, valeur en lettres en surcharge noire.*

113.	15 c. sur 12 c. rose. . E	2f »	» »

Idem, valeur en chiffres; deux types de surcharges.

117.	15 c. sur 12 c. rose . E	2f50	» »

1885. *Enveloppe de 1877, valeur en lettres en surcharge noire ou rouge.*

112.	5 c. sur 4 c. bleu clair. E	1f »	» »

1887. *Idem, valeur en chiffre, surcharge noire ou rouge.*

133.	5 c. sur 4 c. bleu clair. E	1f50	» »

1887. *Idem, sans surcharge.*

134.	5 cents bleu clair. . . E	» 35	» 20

1890. *Type 1880 « registration ».*

146.	15 cents rose . . . . E	1f50	» »

1893. *Enveloppes antérieures avec valeur en surcharge noire.*

159.	2 c. sur 5 c. bleu ciel. E	» 50	» »
160.	10 » s. 15 c. rose *registr*. E	1f »	» »

1893. *Même genre, sans surcharge.*

161.	10 cents rose . . . . E	» 75	» »

1894. *Type de la bande de 1879, papier vert.*

168.	2 cents vert foncé . . E	» 20	» »

Bande

1879. *Même effigie à gauche, papier gris bleu.*

Nos		Neuves.	Oblitér.
67.	2 cents brun rouge .	» »	» »

1894. *Idem, papier blanc.*

169.	2 cents lilas	» »	» »

CHAMBA

ÉTAT INDIEN

Asie Centre

Enveloppes

1886-88. *Enveloppe des Indes anglaises avec* CHAMBA STATE *en surcharge noire et armoiries (soleil) de la couleur du timbre.*

Idem, CHAMBA STATE *et soleil en surcharge noire.*

5.	½ anna vert	E	» 35	» »
10.	1 » brun	E	» 60	» »
11.	2 » bleu *registrat.*	E	1f »	» »

CHILI

RÉPUBLIQUE

Amérique du Sud, Occident

Enveloppes

1872. *Effigie à gauche (Christophe Colomb), relief et couleur, cadres divers, papier blanc.*

Nos			Neuves.	Oblitér.
15.	5 cent. violet	E	1f »	» 20
16.	10 » bleu *hexagone*	E	4f »	» »
17.	15 » rose *ovale* . .	E	2f50	» »
18.	20 » vert foncé *oct.*	E	5f »	» »

Idem, papier bleu ou chamois.

19.	5 cent. violet. . . .	E	» 75	» 25
20.	10 » bleu	E	2f »	» »
21.	15 » rose		6f »	» »
21a.	20 » vert foncé .	E	4f »	» »

L'enveloppe à 2 c. brun rouge, type ci-dessous, préparée en même

temps que les précédentes, n'a pas été mise en cours ; on en rencontre cependant dans les collections, il faut les considérer comme des essais.

CHYPRE

POSSESSION ANGLAISE

Asie Occident

Enveloppes

1880. *Enveloppe n° 114 de la Grande-Bretagne, " registration " avec* CYPRUS *en bleu de chaque côté du timbre.*

Nos		Neuves.	Oblitér.
7.	2 pence bleu	» »	» »

1881. *Même effigie à gauche, relief et couleur, octogone.*

		Neuves.	Oblitér.
24.	2 piastres bleu. . . . E	1f »	» »

Bandes

1880. *Bande de la Grande-Bretagne avec* CYPRUS *à gauche au-dessus du timbre.*

		Neuves.	Oblitér.
8.	1 penny brun rouge. E	» 25	» »

1882. *Même effigie, papier chamois.*

Nos		Neuves.	Oblitér.
27.	½ piastre vert . . . . E	» 25	» »
20.	1 » brun. . . . E	» 50	» »

1894. *Idem, papier chamois.*

33.	10 paras carmin . . . E	» 15	» »

COCHIN

ÉTAT INDIEN

Asie Sud

Enveloppes

1892. *Couronne, conque, etc., dans une étoile.*

		Neuves.	Oblitér.
4.	½ puttan orange . . . E	» 25	» »
5.	1 » lilas rose. . E	» 50	» »
6.	2 » violet. . . . E	1f »	» »

COLOMBIE

RÉPUBLIQUE

Amérique du Sud, Nord

Enveloppes

1891. *Armes.*

		Neuves.	Oblitér.
185.	5 c. noir sur bleu . . E	» 75	» »

Nos		Neuves.	Oblitér.
185a.	5 c. noir sur rose. .	» »	» »
186.	10 » noir sur jaune .	E 1f50	» »

1893. *Même type.*

202.	5 centavos rouge . .	» »	» »

Grandes vignettes pour sceller les lettres recommandées

1865. *Drapeau jaune, bleu, rose, flottant à droite.*

50.	25 c. bistre et jaune.	» »	» »

Nos		Neuves.	Oblitér.
51.	50 c. bistre et jaune.	» »	» »

1867. *Même genre, drapeau jaune, bleu, rose, flottant à gauche.*

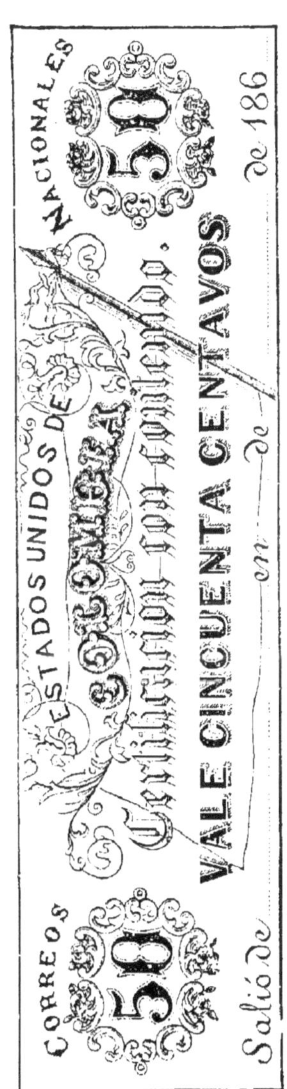

65.	50 c. noir.	» »	25f »

1870. *Drapeau colorié replié sur lui-même,* COLOMBIA *en lettres blanches.*

Nos		Neuves.	Oblitér.
79.	50 cent. noir	»	» *e* 3f »

1875. *Idem,* COLOMBIA *teinté.*

80.	50 cent. noir	» »	» »

1883. *Armoiries, chiffre.*

Nos		Neuves.	Oblitér.
124.	50 cent. rose	*e* 6f »	*e* 3f »

1888. *Idem, légende:* REPUBLICA DE COLOMBIA.

148.	50 cent. rose	» »	*e* 3f »

1890. *Idem.*

156.	40 cent. bleu	*e* 1f 25	» »
157.	20 » bleu	*e* 2f 50	» »

Nos			Neuves.	Oblitér.
158.	30 cent.	bleu	*e* 3f »	» »
159.	40 »	bleu	*e* 4f »	» »
160.	50 »	bleu	*e* 5f »	» »
161.	60 »	bleu	*e* 6f »	» »
162.	70 »	bleu	*e* 7f »	» »
163.	80 »	bleu	*e* 8f »	» »
164.	90 »	bleu	*e* 9f »	» »
165.	1 peso	bleu	*e* 10f »	» »

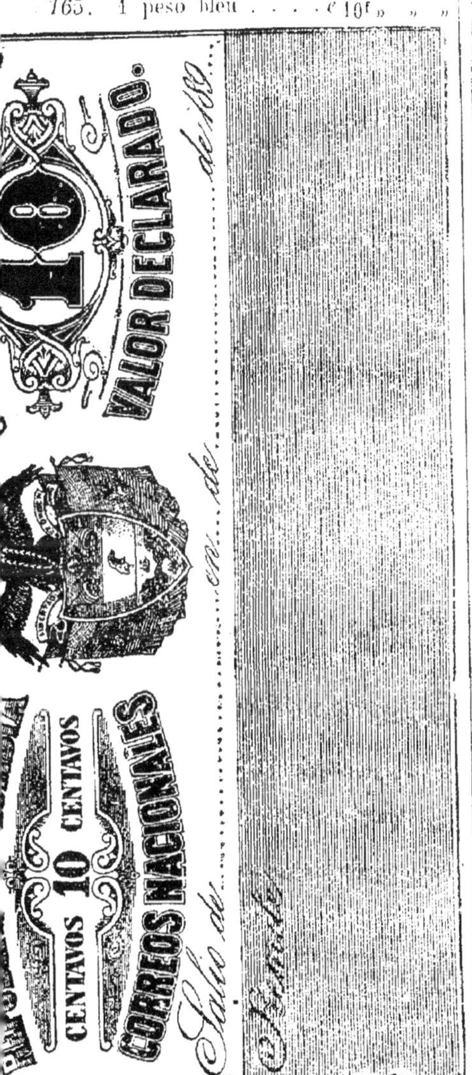

			Neuves.	Oblitér.
171.	10 c.	noir sur rose	» »	*e* » 75
172.	20 »	noir sur jaune	*e* 2f 50	*e* » 75
173.	30 »	noir sur orange	» »	*e* 1f 50
174.	40 »	noir sur bleu	» »	*e* 2f »

Nos			Neuves.	Oblitér.
175.	50 c.	noir sur vert	» »	» »
176.	60 »	jaune sur blanc	» »	» »
177.	70 »	bleu sur blanc	» »	» »
178.	80 »	vert sur blanc	» »	» »
179.	90 »	brun sur blanc	» »	» »
180.	1 p.	rouge sur blanc	» »	*e* 3f »

1892-93. *Même genre.*

			Neuves.	Oblitér.
200.	10 c.	noir sur rose	» »	» »
201.	20 »	noir sur jaune	» »	» »
203.	30 »	noir s. saumon	» »	» »
204.	40 »	noir sur bleu	» »	» »
205.	50 »	noir sur vert	» »	» »

Grandes Vignettes pour les plis officiels recommandés

1865-71. *Cadres ornés, divers, pas de drapeau.*

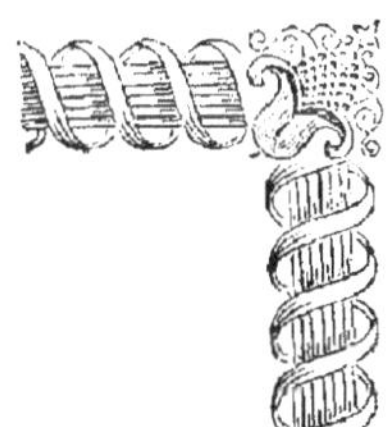

		Neuves.	Oblitér.
52.	noir sur bleu	» »	*e* 6f »
53.	noir sur blanc	» »	*e* 4f »

1886. *Idem, légende :* REPUBLICA DE COLOMBIA.

149. noir sur blanc . . . » » » »

BOLIVAR

Grandes Vignettes pour les plis officiels recommandés

1879. *Inscriptions et ornements typographiques.*

12. noir sur azure . . . . » » » »

TOLIMA

Grandes Vignettes pour sceller les lettres recommandées

1879. *Armes au milieu, fond teinté jaune, bleu et rouge.*

Nos		Neuves.	Oblitér.
15.	10 cent. noir.	» »	» »
16.	50 cent. noir.	» »	» »

1886. *Même genre, armes **à droite**, chiffre à gauche, papier **blanc.***

		Neuves.	Oblitér.
38.	5 centavos jaune . . .	» »	» »
39.	10 » bleu. . . .	» »	» »
40.	50 » rouge . . .	» »	» »

1888. *Idem, légende :* REPUBLICA DE COLOMBIA.

		Neuves.	Oblitér.
53.	5 centavos brun . . .	e 1f25	» »
54.	10 » rouge. . .	e 2f50	» »
55.	50 » bleu. . . .	e 8f »	» »

COLONIES FRANÇAISES

Asie, Afrique, Amérique, Océanie

Enveloppes

1889. *Déesse assise.*

		Neuves.	Oblitér.
79.	5 c. vert sur blanc. .	E » 20	» »
80.	15 » bleu sur azuré. .	E » 50	» »

Bandes

1889. *Idem, papier azuré pour le 4 c. et chamois pour les autres valeurs.*

		Neuves.	Oblitér.
81.	1 cent. noir.	E » 10	» »
82.	2 » brun	E » 15	» »
83.	3 » rouge orange. .	E » 25	» »
84.	4 » violet brun. . .	E » 25	» »
85.	5 » vert.	E » 25	» »

CONGO FRANÇAIS

Afrique, Occident

Enveloppes

1892-94. *Groupe allégorique (Navigation et Commerce).*

		Neuves.	Oblitér.
37.	5 cent. vert sur blanc	E » 15	» »

Nos		Neuves.	Oblitér.
38.	15 cent. bleu sur azuré	E » 35	» »
44.	25 » noir sur rose.	E » 50	» »

COSTA-RICA

RÉPUBLIQUE

Amérique Centrale

Enveloppes

1886. *Effigie de 3/4 à gauche (Don-Bernardo Soto).*

21.	5 centavos bleu . . .	E » 75	» »
22.	10 » orange . .	E 1f 25	» »

1890. *Armes, ovale, relief et couleur.*

40.	5 centavos rouge . .	» 75	» »
41.	10 » brun . . .	1f 50	» »

Bande

1890. *Gros chiffre, papier chamois.*

42.	2 centavos vert . . .	E » 10	» »

COTE D'IVOIRE

COLONIE FRANÇAISE

Afrique, Occident

Enveloppes

1892-94. *Groupe allégorique (Navigation et Commerce).*

Nos		Neuves.	Oblitér.
14.	5 cent. vert sur blanc	E » 15	» »
15.	15 » bleu sur azuré	E » 35	» »
20.	25 » noir sur rose	E » 50	» »

COTE DU NIGER

PROTECTORAT ANGLAIS

Afrique, Occident

OIL RIVERS

(RIVIÈRES D'HUILE)

Enveloppes

1892. *Enveloppe - registration de Grande-Bretagne avec* BRITISH PROTECTORATE OIL RIVERS *en surcharge noire.*

7.	2 pence bleu.	» »	» »

1894. *Enveloppe « registration » de Grande-Bretagne de 1893, avec* NIGER COAST PROTECTORATE *en surcharge noire.*

Nos		Neuves.	Oblitér.
16.	2 pence bleu	» »	» »

COTE D'OR

POSSESSION ANGLAISE

Afrique Occident

Enveloppes

1888. *Enveloppe " registration " de la Grande-Bretagne, bande cintrée noire au-dessus du timbre.*

13.	2 pence bleu.	1f25	» »

1891. *Même enveloppe avec* GOLD COAST COLONY *en noir au-dessus du timbre.*

22.	2 pence bleu.	1f	» »

1894. *Enveloppe « registration » de Grande-Bretagne de 1893 avec même inscription noire.*

25.	2 pence bleu	1f	» »

DANEMARK

ROYAUME

Europe Nord, Occident

Enveloppes

1865. *Couronne et armes, relief et couleur,* s *après le chiffre.*

			Neuves.	Oblitér.
17.	2 s.	bleu	2f50	» »
18.	4 »	rouge	» »	» »

1866-69. *Idem, sans* s *après le chiffre.*

19.	2	bleu	1f	» »
20.	4	rouge	1f	» »

1875. *Idem.*

39.	4	bleu	» 40	» 15
40.	8	rouge	» 40	» 20

Bandes

1872. *Couronne et chiffre.*

27.	2 sk. bleu.	» »	» »

1875. *Idem.*

31.	4 ore bleu.	» 25	» »

1882. *Couronne et armes.*

67.	5 ore vert.	» 20	» »

DIÉGO-SUAREZ

POSSESSION FRANÇAISE

Afrique, Sud Orient

Enveloppes

1892. *Groupe allégorique (Navigation et Commerce).*

Nos Neuves. Oblitér.
28. 5 cent. vert sur blanc E » 25 » »
29. 15 » bleu sur azuré E » 50 » »

1894. *Idem, mais avec* DIÉGO-SUAREZ *seulement.*

56. 5 cent. vert sur blanc. E » 15 » »
57. 15 « bleu sur azur. E » 35 » »
58. 25 » noir sur rose . E » 50 » »

DOMINICAINE

RÉPUBLIQUE

Amérique Centrale, Antilles

Enveloppes

1881. *Armes, papier blanc.*
Idem, papier de couleur.

45. 5 centavos bleu . . . » 75 » »
46. 10 » carmin . . 1f 25 » »
47. 15 » jaune. . . 1f 50 » »
48. 20 » bistre. . . 2f » » »
49. 30 » carmin . . 3f » » »
50. 40 » brun . . . 4f » » »
51. 45 » violet. . . 4f 50 » »
52. 60 » vert bleu . » » » »

La collection de 7 enveloppes 16f » 7f »

1890. *Armes, papier blanc.*

Nos Neuves. Oblitér.
83. 5 centavos bleu . . . E 1f » » »
84. 10 » orange . . E 1f 50 » »
85. 20 » brun . . . E 3f » » »

1891. *Enveloppes de 1881 avec* U. P. U. *et valeur en surcharge.*

104. 30 c. bleu s. 10 c. chair » » » »
105. 40 » bleu s. 10 c. chair » » » »
106. 50 » bleu s. 10 c. chair » » » »
107. 60 » noir s. 15 c. jaune » » » »
108. 70 » noir s. 15 c. jaune » » » »
109. 80 » noir s. 15 c. jaune » » » »
110. 90 » noir s. 15 c. jaune » » » »
111. 1 peso sur div. valeurs » » » »

Bandes

1881. *Type des enveloppes de 1881, papier chamois clair.*

53. 2 centavos orange . . » 50 » »
54. 3 » noir . . . » 50 » »

1890. *Type des enveloppes de 1890, papier chamois.*

86. 2 centavos carmin . . E » 40 » »
87. 3 » orange . . E » 60 » »

ÉGYPTE

ROYAUME

Afrique Nord

Enveloppes

1888. *Pyramide, sphinx, relief et couleur, papier blanc.*

60. 1 piastre bleu. . . . . E » 60 » 25

1889-90. *Idem, cadres divers, papier azuré.*

Nos		Neuves.	Oblitér.
72.	1 mill. brun. . . . . . . E	» 15	» »
73.	2 » vert foncé . . . E	» 20	» »
74.	5 » carmin. . . . . E	» 40	» »
68.	1 piastre bleu . . . . . E	» 60	» 20
69.	2 » orange. . . . E	1f50	» »

1892. *Idem, avec valeur en surcharge noire.*

80.	5 mill. sur 2 pi. orange E	» 60	» »

Enveloppes-lettres

1890. *Timbre des enveloppes à droite, inscriptions.*

75.	5 mill. carmin s. cham. E	» 40	» »
76.	1 piast. bleu sur bleu. . E	» 60	» »

Bandes

1889. *Pyramide, sphinx, sans relief, papier chamois.*

70.	1 millième brun. . . . E	» 15	» »
71.	2 » vert . . . . E	» 20	» »

ÉQUATEUR

RÉPUBLIQUE

Amérique du Sud, Occident

Enveloppes

1887. *Armes, papier blanc* (pour l'intérieur).

Nos		Neuves.	Oblitér.
36.	5 centavos bleu. . . . E	1f »	» »
37.	10 » orange. . . E	1f75	» »

Même genre (pour l'union postale).

38.	5 centavos bleu . . . . E	1f »	» »

1891. *Idem, avec valeur en surcharge noire.*

39.	5 c. sur 10 c. orange	2f »	» »

1892. *Effigie à gauche du maréchal Sucre, relief et couleur.*

57.	5 c. carmin s. blanc . E	» 60	» »
58.	10 » vert s. chamois . E	1f25	» »

1893. *Idem, avec valeur en surcharge couleur.*

Nos		Neuves.	Oblitér.
76.	5 c. sur 10 c. vert. .	» »	» »

1894. *Effigie de face du president Rocafuerte, relief et couleur.*

77.	5 c. bleu sur blanc. .	» »	» »
78.	10 » carmin s. chamois	» »	» »

Bandes

1892. *Chiffre, papier bleu.*

59.	1 centavo brun jaune	» »	» »
60.	2 » brun rouge	E » 35	» »

ESPAGNE

ROYAUME

Europe Sud, Occident

Enveloppe de retour

1875. *Couronne, armes.*

235.	noir sur chamois . .	» »	» »

Des enveloppes au type ci-dessous

soi-disant émises pendant l'insurrection carliste, sont de fantaisie.

ÉTATS-UNIS D'AMÉRIQUE

RÉPUBLIQUE

Amérique du Nord, Centre

Enveloppes

1853-55. *Effigie à gauche, relief et couleur (Washington), papier blanc.*

Nos			Neuves.	Oblitér.
17.	3 cents	rouge	5f »	2f »
19.	6 »	rouge . . .	» »	» »
21.	6 »	vert.	»	» »
23.	10 »	vert.	» »	» »

Idem, papier chamois.

18.	3 cents	rouge	5f »	1f »
20.	6 »	rouge	» »	» »
22.	6 »	vert.	» »	» »
24.	10 »	vert.	» »	» »

1860. *Même genre, plus petit, papier blanc.*

34.	3 cents	rouge	5f »	» »

Nos Neuves. Oblitér.

36. 6 cents rouge . . . . » » » »
38. 10 » vert. . . . . » » » »

Idem, papier chamois.

35. 3 cents rouge. . . . 2f » » »
37. 6 » rouge. . . . » » » »
39. 10 » vert . . . . » » » »

1860. *Id., effigie à droite (Franklin).*

40. 1 c. bleu sur chamois 1f25 » »

1861. *Idem à deux timbres, types ci-dessus, Washington et Franklin.*

42. 1 c. bleu & 3 c. rouge sur chamois . . . . » » » »
43. 1 c. bleu & 3 c. rouge sur blanc . . . . . » » » »

1861. *Effigie à gauche, relief et couleur, lettres à double filet.*

58. 3 c. rose sur blanc . 3f » » »
59. 3 » rose sur chamois 3f » » »
60. 6 » rose sur blanc . » » » »
61. 6 » rose sur chamois » » » »
62. 3 » rose sur bleu. . 5f » » »

1861. *Même effigie, cadre oblong, papier blanc.*

63. 10 cents vert. . . . . 3f50 » »

Idem, papier chamois.

Nos Neuves. Oblitér.

64. 10 cents vert . . . . 3f » » »
44. 12 » rouge et brun » » » »
45. 20 » rouge et bleu » » » »
46. 24 » rouge et vert. » » » »
47. 40 » noir et rouge » » » »

1863. *Effigie à gauche (A. Jakson), relief et couleur,* U. S. POSTAGE.

66. 2 c. noir s. chamois . » » » »

1864. *Même genre,* U. S. POST.

68. 2 c. noir sur chamois 1f50 » »
69. 2 » noir sur orange. 2f50 » »

1865. *Effigie à gauche (Washington), relief et couleur, lettres blanches, papier blanc.*

71. 3 cents rose . . . . » 75 » »
73. 6 » rose . . . . » » » »
75. 3 » brun . . . . » » » »
77. 6 » violet . . . . E 3f » » »

Idem, papier chamois.

72. 3 cents rose . . . . » 75 » »
74. 6 » rose . . . . » » » »
76. 3 » brun . . . . » » » »
78. 6 » violet . . . . E 3f » » »

Même genre, cadre oblong, papier chamois.

Nos			Neuves.	Oblitér.
79.	9 cents	jaune	» »	» »
80.	12 »	brun	» »	» »
81.	18 »	rouge	» »	» »
82.	24 »	bleu	» »	» »
83.	30 »	vert.	4f »	» »
84.	40 »	rose	« »	» »

1870-71. *Effigies à gauche, types divers, relief et couleur, papier blanc.*

112. 1 c. bleu *Franklin* . E » 50 » »
114. 2 » brun *Jackson*. . » » » »
116. 3 » vert *Washington* » 40 » 05

118. 6 c. carminé *Lincoln* » » » »
120. 7 » rouge *Stanton* . » » » »

Nos Neuves. Oblitér.
122. 10 c. brun *Jefferson* . » » » »
124. 12 » violet foncé *Clay* » » » »

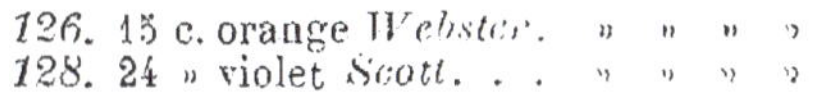

126. 15 c. orange *Webster*. » » » »
128. 24 » violet *Scott*. . . » » » »

130. 30 c. noir *Hamilton*. 7f » » »
132. 90 » carmin *Perry*. E 20f » » »

Idem, sur papier teinté : paille, orange, chamois.

113. 1 cent bleu . . . . E » 25 » 10
115. 2 » brun . . . . » 50 » »

Nos		Neuves.	Oblitér.
117.	3 cents vert.	» 40	» 10
119.	6 » carminé. . .	» »	» »
121.	7 » rouge	E 2f »	» »
123.	10 » brun	E 2f »	» »
125.	12 » violet foncé .	» »	» »
127.	15 » orange . . .	» »	» »
129.	24 » violet	» »	» »
131.	30 » noir	» »	» »
133.	90 » carmin . . .	» »	» »

1875. *Effigies à gauche, types divers. relief et couleur, papier blanc.*

247.	2 c. rouge *Jackson* .	» 75	» 25
245.	5 » bleu *Z. Taylor* .	2f »	» »

Idem, papier teinté.

248.	2 cents rouge . . .	» »	» 75
246.	5 » bleu	» »	» »

1882. *Effigie à gauche (Garfield), relief et couleur.*

287.	5 c. br. foncé s. blanc	E 1f »	» 25
288.	5 » br. foncé s. teinté	E 1f »	» »

1883-84. *Genre 1870, papier blanc.*

302.	2 c. rouge (*Washington*) *gr. lett. de coul.*	E 1f 50	» 20
303.	2 c. rouge, *idem, petites lettres blanches*	» »	» 10
305.	2 c. brun » . .	E » 75	» 10
304.	4 » vert (*Jackson*). .	E » 75	» »

Idem, papier teinté.

306.	2 c. rouge *type 302* .	E 1f 50	» 30
307.	2 » rouge *type 303* .	E 1f »	» 15
309.	2 » brun » . .	E » 75	» 10
308.	4 » vert.	E » 75	» »

1887. *Effigies à gauche, types divers. relief et couleur, papier blanc.*

318.	1 c. bleu *Franklin*. .	E » 20	» 10
319.	2 » vert *Washington*	E » 40	» 05
320.	4 » carmin *Jackson*.	E » 60	» »

321.	5 c. bleu *Grant*. . .	E » 75	» »
322.	30 » brun *type 130*. .	E 3f 50	» »
323.	90 » violet *type 132* .	E 10f »	» »

Idem, papier teinté.

324.	1 c. bleu	E » 20	» »
325.	2 » vert	E » 40	» 10
326.	4 » carmin	E » 60	» »
327.	5 » bleu	E » 75	» »
328.	30 » brun.	E 3f 50	» »
329.	90 » violet.	E 10f »	» »

1893. *Enveloppes commémoratives du quatrième centenaire de la découverte de l'Amérique, effigies à gauche* *de Christophe Colomb et de la Liberté, relief et couleur.*

Nos			Neuves.	Oblitér.
375.	1 cent	bleu. . . . . E	» 25	» 15
376.	2 »	lilas. . . . . E	» 50	» 15
377.	5 »	brun . . . . E	1f »	» »
378.	10 »	brun-noir . . E	1f50	» »

Enveloppes spéciales à l'Exposition de PHILADELPHIE

1876. *Cavalier, chemin de fer, relief et couleur.*

275.	3 cents vert . . .	» »	» »
276.	3 » rouge. . .	» »	2f50

Enveloppes de service

GUERRE *(War)*

1873. *Types des enveloppes 1870, relief et couleur, papier blanc ou couleur.*

Nos			Neuves.	Oblitér.
221.	1 cent	rouge . . .	» »	» »
222.	2 »	rouge . . .	» »	» »
223.	3 cents	rouge . . . E	» 75	» 15
224.	6 »	rouge . . .	» »	» »
225.	10 »	rouge . . .	» »	» »
226.	12 »	rouge . . .	» »	» »
227.	15 »	rouge . . .	» »	» »
228.	24 »	rouge . . .	» »	» »
229.	30 »	rouge . . .	» »	» »

POSTE *(Post office)*

1873. *Chiffre.*

136.	2 c. noir sur jaune.	» 60	» 35
137.	3 » noir sur jaune.	» 75	» 05
138.	6 » noir sur jaune.	» 75	» 25

1877. *Timbre ovale, inscriptions noires indiquant l s divers* DEPARTEMENTS *et leurs divisions ; papier azuré ou paille.*

277.	bleu	» »	» »
277a.	gris.	» »	» »

Bandes

1860. *Effigie à droite (Washington), relief et couleur.*

41.	1 c. bleu sur brun .	1f 25	» »

1863. *Effigie à gauche (A. Jackson), relief et couleur*, U. S. POSTAGE.

Nos		Neuves.	Oblitér.
67.	2 c. noir sur brun. .	2f »	» »

1864. *Idem*, U. S. POST.

70.	2 c. noir sur brun. .	» »	1f »

1870-71. *Types des enveloppes de 1876, relief et couleur, papier brun.*

110.	1 cent bleu.	» 20	» 05
111.	2 » brun	» »	» »

1875. *Idem, papier brun.*

249.	2 cents rouge . . .	» 75	» »

1883-84. *Type de l'enveloppe n° 303.*

310.	2 c rouge sur blanc. .	» »	» »
311.	2 » rouge sur teinté. .	» »	» »
312.	2 » brun sur teinté. . E	» 50	» »

1887. *Types des enveloppes de 1887, papier brun.*

330.	1 cent bleu. . . . . E	» 20	» 10
331.	2 » vert. . . . . E	» 40	» »

Bande de service

GUERRE *(War)*

1873. *Type de l'enveloppe de service, papier brun.*

Nos		Neuves.	Oblitér.
220.	1 cent rouge . . . E	» 50	» 15

FARIDKOT

ÉTAT INDIEN

Asie Centre

Enveloppes

1885-88. *Enveloppes des Indes anglaises avec* FARIDKOT STATE *en surcharge noire et armoiries couleur du timbre.*

Idem, FARIDKOT STATE *et armoiries en surcharge noire.*

16.	½ anna vert. . . . . E	» 35	» »
17.	1 » brun . . . . E	» 60	» »
18.	2 » bleu « *registration* ». . E	1f »	» »

FERNANDO-PO

POSSESSION ESPAGNOLE

Afrique, Occident

Enveloppe

1893. *Enveloppe provisoire estampillée d'une surcharge portant* HABILITADO CORREOS *et la valeur.*

11e.	50 c. de p. noir. . . .	5f »	6f »

FINLANDE

GRAND-DUCHÉ

Europe Nord, Orient

Enveloppes

1845. *Couronne, armes (lion) et cors,* PORTO STEMPEL.

Nos Neuves. Oblitér.

1. 10 kopek noir . . . . » » » »
2. 20 » carmin . . . » » » »

1850. *Mêmes armes, ovale.*

3. 5 kop. bleu. . . . . . . » » » »
4. 10 » rose. . . . . . . » » E 10f »
5. 20 » noir vert. . . . » » » »

1860. *Mêmes armes, rectangle.*

8. 5 k. bleu . . . . » » » »
9. 10 » rose . . . . 3f » 2f »

1871. *Idem.*

Nos Neuves. Oblitér.

21. 20 penni bleu. . . . . . E 2f » » »
22. 40 » rose. . . . . . » » » »

1876. *Mêmes armes, chiffres aux angles.*

41. 20 penni bleu. . . . . . » » » »
42. 32 » rose. . . . . . » » » »

1881. *Idem.*

49. 25 penni rose. . . . . . » » » »

1885. *Idem.*

60. 20 penni jaune . . . » » » »
61. 25 » bleu. . . . » » » »

1890. *Même genre, inscriptions finlandaises et russes.*

73. 20 penni jaune . . . . 1f50 » »
74. 25 » bleu. . . . . 1f50 » »

1891. *Enveloppes de Russie avec petits ronds disposés de différentes manières.*

Nos		Neuves.	Oblitér.
95.	7 kop. bleu sur crème	E » 60	» »
96.	10 » bleu sur crème	E 1f »	» »
97.	14 » bleu foncé sur azuré. . . .	E 1f 25	» »
98.	20 » bleu sur azuré.	E 2f »	» »

Bandes

1891. *Idem, petits ronds en haut du timbre.*

99.	1 kop. orange	E » 25	» »
100.	2 kop. vert	E » 35	» »

FRANCE

RÉPUBLIQUE

Europe Centre, Occident

Enveloppes

1882. *Groupe allégorique, papier teinté.*

203.	5 cent. vert	E » 30	» 25
204.	15 » bleu	E » 20	» 10

1882. *Idem, papier blanc ou de fantaisie. Enveloppes de commande.*

Nos		Neuves.	Oblitér.
207.	5 cent. vert	E » 15	» »
208.	15 » bleu	E » 30	» »

1884. *Enveloppe de 1882, papier blanc.*

220.	5 cent. vert.	E » 15	» »

1889. *Idem, papier bulle.*

248.	5 cent. vert.	E » 15	» »

Bandes

1882-83. *Groupe allégorique, papier brun.*

201.	1 cent. noir	E » 05	» »
202.	2 » brun rouge .	E » 05	» »
209.	3 » rouge. . . .	E » 10	» »

1882-83. *Idem, papier blanc ou de fantaisie. Bandes de commande.*

205.	1 cent. noir.	E » 05	» »
206.	2 » brun rouge. .	E » 10	» »
210.	3 » rouge	E » 10	» »

PARIS

Poste locale

1653. *Bande.*

0. Billet de port payé . » » » »

L'existence de cet antique timbre-poste est confirmée par plusieurs documents de l'époque, et particulièrement par une annonce fort curieuse que nous avons fait reproduire identiquement en photogravure :

00. Curieux document du siècle de Louis XIV, pour mettre en tête de la collection de France . . . . . » 50 »

Lettres-télégrammes pneumatiques

1879. *Groupe allégorique, piquage autour de la lettre.*

178. 75 c. noir sur bleu. . » » » »

1880. *Idem, avec taxe réduite et valeur en surcharge rouge.*

Nos		Neuves.	Oblitér.
184.	50 c. sur 75 c. bleu.	» »	» »

1880. *Déesse, sans surcharge.*

187.	50 c. noir sur bleu. . *e* 3f	» »	» »

1882. *Idem, plan de Paris, teinté violet à l'Ouest.*

206	50 c. noir sur bleu . .	» »	» »

1883. *Idem, teinte du plan étendue au Nord.*

212.	50 c. noir sur bleu . . *e* 2f50		» »

1884. *Idem, plan sans teinte.*

214.	50 c. noir sur bleu . . *e* 2f	»	» »

1885. *Idem, avec* Valable pour tout Paris *en surcharge rouge.*

227.	50 c. noir sur bleu . . *e* 2f	»	» »

1885. *Idem, sans plan de Paris et sans surcharge.*

229.	50 c. noir sur bleu . . *e* 1f	»	» »
230.	1 fr. noir s. rose *avec. bon de réponse* *e* 1f75		» »

Enveloppes pour tubes pneumatiques

1885. *Timbre des lettres-télégrammes de 1880 (déesse) à droite.*

232.	75 c. rose sur violet .	» »	» »

1887. *Idem, avec* TAXE RÉDUITE *et valeur en surcharge noire.*

239.	60 sur 75 c. rose sur violet *e* 2f	»	» »

1889. *Idem, sans surcharge.*

249.	60 c. rose sur violet . *e* 1f25		» »

Feuille pneumatique

1891. *Timbre de 1880, inscriptions noires, papier chamois (pour remboursements de la Caisse d'épargne).*

Nos		Neuves.	Oblitér.
252e.	30 & 30 c. *réponse*, noir	1f25	» »

PARIS pendant le SIÈGE

Lettres par ballon monté

1870. *Formule imprimée :* PAR BALLON MONTÉ

59.	noir sur bleu ou blanc *e**	» 05	» »
59.	*Idem, affranchie et ayant servi.*	»	» *e* 8f »
59.	*Idem,* affranchie et ayant servi, mais sans formule imprimée.	»	» *e* 4f »

1870. *Inscriptions, emblèmes et drapeaux.*

65.	noir sur bleu. . . . . *e*	» 15	» »
66.	noir sur vert. . . . . *e*	» 15	» »
67.	noir sur rose. . . . . *e*	» 15	» »
68.	noir sur lilas. . . . . *e*	» 15	» »

Curiosités Postales

Journal-Lettre-Ballon. LA CLOCHE, *en caractères microscopiques.* 1 fr.

Journal-Lettre-Ballon. GAZETTE DES ABSENTS, *un numéro.* . . » 50 » »

Nos		Neuves.	Oblitér.
Journal-lettre : DÉPÊCHE-BALLON, *affranchi et ayant servi*		» »	10f »

Spécimen identique d'une des pellicules (contenant douze cents dépêches microscopiques) portées à Paris par pigeons voyageurs, photo-microscopie de Dagron, photographe du Gouvernement de la Défense Nationale. 1f 25

PARIS pendant la COMMUNE

1871. OFFICES PARTICULIERS *qui se chargeaient de l'expédition et de la réception de la correspondance parisienne lors de l'interruption du service postal.*

» Bruner et Comp., Grand, Ed. Denole, Moreau et Osmont, etc., *enveloppes à l'adresse des offices, sans vignettes ni signes d'affranchissement préalable.*

Chaque. . . . . » » » »

Office Moreau

Enveloppe-Réponse. *Composition lithographique, avec ou sans timbre adhésif à la patte, le timbre (monogramme) rouge et noir sur blanc, festonné.*

104. 15 c. noir sur blanc ou gris. . . . » » » »

Nos		Neuves.	Oblitér.
105.	25 c. noir sur gris . .	» »	» »
105a.	*Timbre rond, seul.*	1f »	» »

Office Lorin M.

Enveloppes. *Navire, relief.*

112. 10 c. sur blanc . . . E » 25 »

113. 10 c. sur bleu . . . E 1f » »

114. **Affiche** *curieuse de cet office.* . . . . 2f » »

GIBRALTAR

POSSESSION ANGLAISE

Europe, Sud

Enveloppes

1886. *Enveloppe "registration" de la Barbade avec* GIBRALTAR *en surcharge noire.*

8. 2 pence bleu ciel. . . » » » »

1886. *Même genre, sans surcharge.*

Nos		Neuves.	Oblitér.
18.	2 pence rouge	» »	» »

1889. *Idem, avec valeur en surcharge noire.*

36.	20 cent. sur 2 p. rouge.	2f 50	» »

1889. *Même genre, sans surcharge.*

37.	20 centimos rouge. . . E	» 75	» »

Bandes

1886. *Bande de Natal avec* GIBRALTAR *en surcharge noire.*

9.	½ penny brun rouge.	» »	» »

1887-89. *Même genre, sans surcharge, papier chamois.*

Nos		Neuves.	Oblitér.
19.	½ penny vert	» 50	» »
38.	1 » carmin . . .	» »	» »

1889. *Idem, avec valeur en surcharge noire.*

39.	5 cent. sur ½ p. vert. .	» »	» »
40.	10 » sur 1 p. carmin.	» »	» »

1889. *Idem, sans surcharge.*

41.	5 centimos vert . . . E	» 20	» »
42.	10 » carmin . . E	» 40	» »

GRANDE-BRETAGNE

ROYAUME

Europe Nord, Occident

Enveloppes

1840. *Grande vignette allégorique, gravée par Mulready : La Grande-Bretagne envoyant des messagers*

dans toutes les parties du monde; forme lettre et forme enveloppe.

Nos		Neuves.	Oblitér.
1.	1 penny noir	» » 20f	»
2.	2 pence bleu	45f »	» »

1841. *Effigie à gauche (Victoria I), relief et couleur, fils de soie transversaux, deux types.*

8.	1 penny rose	» » E	» 75

Le 2 pence a la légende en bas du timbre.

Nos		Neuves.	Oblitér.
9.	2 pence bleu	E 4f »	» »

1855. *Idem, pas de fils de soie, petits chiffres servant de millésime.*

20.	1 p. rose sur blanc. .	E » 75	» 30
21.	1 » rose sur azuré . .	» »	» »

1855-90. *Même genre, cadres divers, papier blanc. Enveloppes de commande* (1).

Nos.		Neuves.	Oblitér.
22.	2 p. bleu *ovale* . . .	E » 75	» »
23.	3 » carmin *trilobé* .	E » 75	» »

24.	4 p. rouge *rond*. . .	E 1f »	» »

25.	6 p. violet *octogone* .	E 1f 50	» »
26.	1 sh. vert »	E 2f 50	» »

Idem, papier couleur.

27.	1 penny rose	» »	» »
28.	2 pence bleu	» »	» »
29.	3 » carmin . . .	» 75	» »
30.	4 » rouge . . .	E 1f »	» »
31.	6 » violet. . . .	E 1f 50	» »
32.	1 shill. vert	E 2f 50	» »

(1) Toutes les enveloppes de la Grande-Bretagne, à l'exception des 1 et 2 p. de 1840 et 1841. des 1 p. de toutes dates et des enveloppes "registration", sont des *enveloppes de commande.*

Idem, mais avec deux estampilles sur la même enveloppe ou feuille, papier blanc ou couleur, plusieurs combinaisons ; nous avons en vente les suivantes.

Nos		Neuves.	Oblitér.
40.	3 p. & 2 pence . . .	E 2f 50	» »
42.	4 » & 3 » . . .	E 1f 75	» »
45.	4 » & 4 » . . .	E 2f »	» »
46.	6 » & 3 » . . .	E 2f 25	» »
47.	6 » & 4 » . . .	» »	» »
48.	1 sh & 1 penny . . .	E 3f »	» »
49.	1 » & 2 pence . . .	» »	» »
50.	1 » & 3 » . . .	E 3f 25	» »
51.	1 » & 4 » . . .	E 3f 50	» »
52.	1 » & 6 » . . .	E 3f 75	» »
53.	1 » & 1 sh. . . .	E 5f »	» »

Voir également les nos 137 et 108 b.

Idem avec large bordure circulaire contenant une adresse particulière : V. H. Smith et Son, Smith Elder, Grindlay, Workman, Norton, etc.

33.	1 penny rose	» »	» 25
34.	2 pence bleu	» »	» 35
35.	3 » carmin . . .	» »	» »
36.	4 » rouge . . .	» »	» »
37.	6 » violet . . .	» »	» »
38.	1 shill. vert	» »	» »

1860. *Enveloppe de 1841, type ovale, avec fils et millésime.*

54.	1 penny rose	» »	» »

1872. *Même effigie, relief et couleur.*

80.	3/2 p. rose s. blanc.	» »	» »
81.	3/2 » rose s. teinté	» »	» »

1875. *Idem.*

Nos		Neuves.	Oblitér.
88.	3/2 p. brun s. blanc.	E 1f »	» »
89.	3/2 » brun s. teinté.	» »	» »

Idem, avec une deuxième estampille sur la même enveloppe.

137.	2 p. & 3/2 pence. .	E 1f75	» »

1876. *Même effigie, relief et couleur.*

107.	2 p. ½ carm. s. blanc	E 1f25	» 35
108.	2 » ½ carm. s. teinté	» »	» »

Idem, avec une deuxième estampille.

108b.	2 p. & 2 ½ pence. .	E 2f	» »

1878. *Type 1855, relief et couleur, avec bande cintrée " registration ".*

113.	2 pence bleu . . .	» »	» »

1878. *Même genre, " registration ", timbre rond, millésime, sans bande cintrée.*

114.	2 pence bleu . . .	» »	» 50

1882. *Idem, " registration ", sans millésime.*

Nos		Neuves.	Oblitér.
143.	2 pence bleu.	E » 75	» 15

1881-82. *Type de 1841, sans millésime.*

142.	1 penny rose	E » 25	» 10

1890. *Timbre à droite, monogramme à gauche, vignettes et inscriptions (pour le Jubilé du cinquantenaire du timbre-poste), avec carte incluse.*

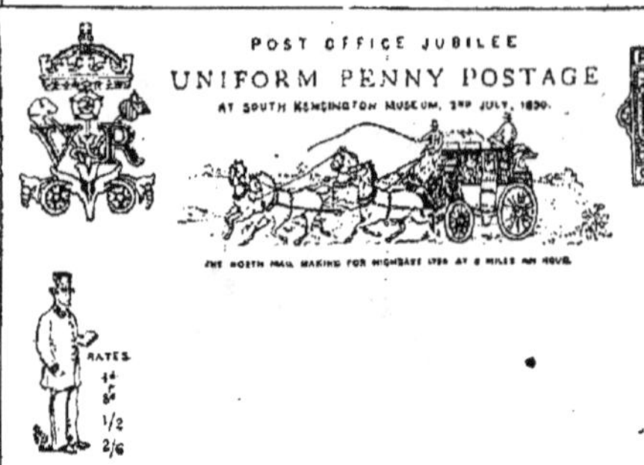

187.	1 penny bleu ciel . .	E 3f	» »

PENNY POSTAGE JUBILEE
1890

1892. *Types antérieurs.*

191.	3/2 pence jaune. . .	E » 40	» »
192.	2 » carm. foncé	E » 50	» »
193.	2 p. ½ bleu. . . .	E » 60	» »
194.	10 pence brun rouge	E 2f »	» »

Idem, avec deux estampilles.

193a.	2 p. & 3/2	E 1f »	» »
193b.	2 & 2 p. ½	E 1f25	» »
193d.	2 & 3 p.	E 1f25	» »
193f.	1 shil. & 2 p.	E 3f »	» »

1892. *Effigie en relief dans un ovale, papier de diverses couleurs (enveloppe de commande).*

Nos		Neuves.	Oblitér.
195.	½ penny rouge . . .	E » 15	» »

1893. *Petit timbre rond à la patte (pour lettres enregistrées).*

199.	2 pence bleu..	E » 60	» »

Enveloppes de retour

Couronne et armes, relief, plusieurs types.

62.	rouge sur bleu. . . .	» »	» »
63.	rouge sur blanc . . .	» »	» »

Bandes

1870-71. *Effigie à gauche, sans relief.*

73.	½ p. vert *millésime* . .	E » 75	» »

Nos		Neuves.	Oblitér.
74.	½ p. vert *sans millésime*	E » 30	» 10

1878. *Même effigie, papier gris.*

115.	1 penny brun . . .	E » 25	» 10

1879. *Type 1870.*

118.	½ p. brun sur gris .	E » 15	» 10
119.	½ » brun sur blanc.	» »	E » 25

Feuilles-télégrammes

1869-81. *Timbre de l'enveloppe 1855, relief et couleur, formules en noir. Divers types de formules.*

71.	1 shilling vert	» »	» »

1876. *Même genre, timbre rond.*

100.	1 shilling vert jaune .	» »	» »

1885-89. *Types des enveloppes 1855.*

Nos		Neuves.	Oblitér.
184.	6 pence violet. . . .	e 2f »	» »
185.	10 » bleu	e 2f50	» »

LA GRENADE

POSSESSION ANGLAISE

Amérique Centrale, Antilles

Enveloppe

1886. *Effigie à gauche (Victoria I), relief et couleur, " registration ".*

20.	2 pence bleu	E » 75	» »

Bandes

1886. *Effigie à gauche dans un cercle, papier chamois.*

21.	½ penny vert.	E » 20	» »
22.	1 » carmin . . .	E » 40	» »
23.	1½ » brun rouge .	E » 60	» »
24.	2 pence bleu.	E » 75	» »

LA GUADELOUPE

POSSESSION FRANÇAISE

Amérique Centrale, Antilles

Enveloppes

1892-94. *Groupe allégorique (Navigation et Commerce).*

Nos		Neuves.	Oblitér.
53.	5 cent. vert sur blanc	E » 15	» »
54.	15 » bleu sur azuré	E » 35	» »
59.	25 » noir sur rose.	E » 50	» »

GUATÉMALA

RÉPUBLIQUE

Amérique Centrale

Enveloppes

1875. *Liberté à gauche, relief et couleur.*

12.	½ real vert.	E 1f25	1f »
13.	1 » bleu.	E 2f »	1f25
14.	2 » rose.	E 3f50	1f25

1890. *Cor de Poste dans un ovale, relief et couleur.*

Nos		Neuves.	Oblitér.
50.	5 cent. bleu clair. . . E	» 75	» »
51.	10 » rose UPU. . . E	1f 50	» »

Bandes

1875. *Type des enveloppes 1875, papier chamois.*

11. ¼ real noir. . . . . E » 50 » »

1890. *Grand chiffre dans un rectangle, papier chamois.*

52. 2 cent. brun rouge. . E » 40 » »

GUINÉE FRANÇAISE

Afrique, Occident

Enveloppes

1893-94. *Groupe allégorique (Navigation et Commerce).*

20. 5 cent. vert sur blanc. E » 15 » »

Nos		Neuves.	Oblitér.
21.	15 cent. bleu sur azuré. E	» 35	» »
22.	25 » noir sur rose. . E	» 50	» »

GUYANE ANGLAISE

Amérique du Sud, Nord

Enveloppe

1881. *Effigie à gauche (Victoria I), relief et couleur " registration ".*

57. 4 cents rouge . . . . L 1f » » »

Bandes

1884. *Navire, papier chamois.*

59. 1 cent vert . . . . . . E » 25 » »
60. 2 » carmin. . . . . E » 35 » »

GUYANE FRANÇAISE

Amérique du Sud, Nord

Enveloppes

1892-94. *Groupe allégorique (Navigation et Commerce).*

39. 5 cent. vert sur blanc E » 15 » »

Nos		Neuves.	Oblitér.
40.	15 cent. bleu sur azuré E	» 35	» »
47.	25 » noir sur rose. E	» 50	» »

GWALIOR

ÉTAT INDIEN

Asie Sud

Enveloppes

1885. *Enveloppes des Indes anglaises avec* GWALIOR *et caractères indiens en surcharge noire ou rouge, et armoiries de la couleur du timbre.*

10.	½ anna vert . . . . E	» 35	» 40
11.	1 anna brun . . . . E	» 60	» 50
12.	4 a. 6 p. orange . . .	» »	» »

1891. *Idem, surcharge noire.*

18.	2 annas bleu, *registr*. E	1f »	» 75

HAIDERABAD

ÉTAT INDIEN

Asie Sud

Enveloppes

1878-79. *Ovale, inscriptions orientales.*

13.	½ anna brun rouge E	» 40	» »
14.	1 » brun noir . E	» 75	» »

Nos		Neuves.	Oblitér.
15.	4½ annas bleu gris . E	2f50	» »
16.	5 » brun . . .	» »	» »

1887. *Idem.*

17.	2½ annas bleu . . . . E	1f50	» »
18.	5 » bleu vert. . E	2f50	» »
19.	5 » vert vif. . .	» »	» »

HAMBOURG

VILLE LIBRE

Europe Centre

Enveloppes

1866. *Chiffre, armes (trois tours), relief et couleur.*

29.	½ sch.	noir . . . E	» 25	» »
30.	1¼ »	lilas . . . E	2f50	» »
31.	1½ »	rose . . . . E	1f »	» »
32.	2 »	orange . . . E	» 75	» »
33.	3 »	bleu . . . E	1f »	» »
34.	4 sch.	vert . . . . E	1f25	» »
35.	7 »	violet . . . E	1f50	» »

Les mêmes, réimprimées, collection des 7, coupées. 1f » » »

Entreprises particulières Hamer et Co

Enveloppes

1860. *Chiffre, relief.*

9.	½	rouge sur blanc .	» 10	» »
10.	½	rouge sur chamois	» 10	» »

HANOVRE

ROYAUME

Europe Centre

Enveloppes

1857. *Effigie à gauche (Georges V), relief et couleur, chiffre en bas.*

Nos			Neuves.	Oblitér.		
16.	1 ggr.	vert	3f	»	»	»
17.	1 sgr.	rose	*2f 50		»	»
18.	2 »	bleu	»	»	»	»
19.	3 »	jaune. . . .	*3f	»	»	»

1858. *Idem, chiffres sur les côtés, inscriptions obliques vertes à gauche.*

21.	1 gros.	rose	» 75		» 35	
22.	2 »	bleu	»	»	»	»
23.	3 »	jaune . . .	*3f	»	»	»

1861. *Idem, inscriptions obliques vertes à droite.*

28.	1 gros.	rose	1f	»	»	»
29.	2 »	bleu	»	»	»	»
30.	3 »	bistre . . .	3f	»	»	»

* Les enveloppes de Hanovre précédées d'un astérisque sont réimprimées.

1863. *Idem, inscriptions obliques vertes à gauche.*

Nos			Neuves.	Oblitér.		
34.	2 gros.	bleu ciel . .	»	»	»	»
35.	3 »	bistre . . .	*3f	»	»	»

Ville de HANOVRE poste locale

Enveloppes

1849. Bestellgeld-frei *en gothique, en bas, composition typographique noire au verso.*

1.	bleu sur blanc. . . .	»	»	»	»

1850. *Cor et ornements aux angles, petit timbre bleu.*

2.	noir sur jaune. . . .	E*10f	»	»	»

1858. *Trèfle et cor, relief et couleur.*

20.	vert sur chamois. . .	*2f	»	»	»

1861. *Cheval, relief et couleur.*

33.	vert sur chamois . .	*1f 50	»	»	

HAWAII

ROYAUME

Océanie Polynésie

Enveloppes

1884. *Vue de Honolulu.*

Nos		Neuves.	Oblitér.
43.	1 cent vert	E » 35	» »
44.	2 » rose.	E » 60	» »
45.	4 » rouge	» »	» »
46.	5 » bleu.	E 1f25	» »
47.	10 » noir.	E 2f »	» »

1893. *Idem, avec* Provisional Government *et le millésime en surcharge rouge ou noire.*

74.	1 cent vert	» »	» »
75.	2 » rose.	» »	» »
76.	5 » bleu.	» »	» »
77.	10 » noir.	» »	» »
	La série des 4 enveloppes .	E 5f »	» »

HÉLIGOLAND

POSSESSION ANGLAISE

Europe Nord, Occident

Enveloppes

1875. *Effigie à gauche (Victoria I), relief et couleur.*

18. 1½ pen. 10 pf. carmin E » 50 » »

1879. *Idem, avec* UNION POSTALE UNIVERSELLE et 2 ½ PENCE 20 PFENNIG *en surcharge noire.*

Nos		Neuves.	Oblitér.
28.	2½ pe. s. 1½ pe. carm.	» »	» »

Bandes

1878. *Armes.*

22.	2 f. 3 pf. vert . . .	E » 20	» »
23.	3 » 5 » rouge brun	E » 35	» »
24.	1½ p. 10 » bleu . . .	E » 50	» »

HOLKAR

ÉTAT INDIEN

Asie Sud

1894. *Effigie de face (Shivaji Rao Holkar).*

6. ½ anna violet foncé . . » » » »

HONDURAS

RÉPUBLIQUE

Amérique Centrale

Enveloppes

1890. *Armes et faisceaux, papier blanc ou azuré.*

Nos			Neuves.	Oblitér.
17.	5 centavos	bleu. . . .	» »	» »
18.	10 »	orange . .	» »	» »
19.	20 »	brun . . .	» »	» »
20.	25 »	rose. . . .	» »	» »
La série des 4 enveloppes .			1f 25	» »

1891. *Effigie du général Bogran de 3/4 à droite, ovale, millésime, relief et couleur, papier blanc.*

64.	5 cent.	vert foncé . .	» »	» »
65.	10 »	rouge	» »	» »
66.	20 »	bleu foncé. .	» »	» »
67.	25 »	brun.	» »	» »
La série des 4 enveloppes.			1f 35	» »

1892. *Sujet allégorique (découverte de l'Amérique), relief et couleur, papier chamois.*

Nos			Neuves.	Oblitér.
86.	5 centavos	vert. . . .	» »	» »
87.	10 »	bleu. . . .	» »	» »
88.	20 »	rouge . . .	» »	» »
89.	25 »	brun . . .	» »	» »
La série des 4 enveloppes .			1f 40	» »

1893. *Effigie de face du général Cabanas, relief et couleur, papier blanc.*

110.	5 centavos	bleu . . .	» »	» »
111.	10 »	brun. . .	» »	» »
112.	20 »	carmin. .	» »	» »
113.	25 »	vert . . .	» »	» »

Bandes

1890. *Type des enveloppes de 1890, papier chamois.*

21.	1 centavo	vert.	» »	» »
22.	2 »	rouge. . . .	» »	» »
23.	5 »	bleu	» »	» »
La série des 3 bandes . . .			1f »	» »

1891. *Type des enveloppes de 1891, papier bleu.*

68.	1 cent.	brun clair . .	» »	» »
69.	2 »	bleu.	» »	» »

Nos		Neuves.	Oblitér.
70.	5 cent. vert	» »	» »
71.	10 » rouge	» »	» »
	La série des 4 bandes	1f 10	» »

1892. *Type des enveloppes de 1892, papier brun.*

90.	1 centavo gris vert	» »	» »
91.	2 » rouge	» »	» »
92.	5 » vert	» »	» »
93.	10 » bleu	» »	» »
	La série des 4 bandes	1f 25	» »

1893. *Type des enveloppes de 1893, papier chamois.*

114.	1 centavo vert	» »	» »
115.	2 » carminé	» »	» »
116.	5 » bleu foncé	» »	» »
117.	10 » brun	» »	» »

HONGRIE

ROYAUME

Europe Centre

Enveloppes

1871. *Effigie à droite (François-Joseph I), lithographiés.*

11.	3 kr. vert	E » 25	» »
12.	5 kr. rose	» 50	» »
13.	10 » bleu	E » 75	» »
14.	15 » brun	E 1f 50	» »

1874. *Couronne, chiffre sur une lettre, cor, relief et couleur.*

42.	3 kr. vert	E » 35	» »
43.	5 » rouge	E » 60	» 05
44.	10 » bleu	E » 75	» »

1887. *Couronne, chiffre, cor, ovale, papier gris.*

62.	5 kreuzer carmin	» »	» »

1890. *Idem, papier gris.*

74.	5 kreuzer orange	E » 35	» »

Bandes

1872. *Type des enveloppes de 1871 (effigie).*

15.	2 kr. orange	E » 25	» »

1880. *Type des enveloppes de 1874 (chiffre sur une lettre).*

55.	2 kr. violet	E » 15	» »

INDE ANGLAISE

Asie Sud

Enveloppes

1861. *Effigie à gauche (Victoria I), relief et couleur.*

Nos		Neuves.	Oblitér.
16.	½ a. bleu s. jaunâtre	» »	» »
17.	1 » brun s. bleu . . E	1f25	» »

1874-78. *Idem, papier blanc.*

52.	½ anna bleu . . . . E	» 50	» 15
58.	1 » brun . . . . E	» 60	» »

1879. *Même effigie, relief et couleur, formule imprimée noir (pour soldats et marins).*

61.	9 pies rouge. . . . . E	1f »	» »

1881. *Même effigie, relief et couleur.*

64.	4 a. 6 p. orange. . . E	2f »	» 35

1883. *Type 1861.*

Nos		Neuves.	Oblitér.
69.	½ anna vert . . . . . E	» 25	» 15

1886. *Même effigie, relief et couleur, « registration ».*

79.	2 annas bleu . . . . . E	1f »	» »

1891. *Enveloppe de 1881 avec valeur en surcharge noire.*

96.	2 a. 6 p. sur 4 a. 6 p. orange . . . . E	2f »	» 30

1893. *Même genre, sans surcharge.*

105.	2 annas 6 p. orange. E	1f50	» »

INDE FRANÇAISE

ÉTABLISSEMENTS

Asie Sud

Enveloppes

1892-94. *Groupe allégorique (Navigation et Commerce).*

14.	5 cent. vert sur blanc E	» 15	» »
15.	15 » bleu sur azuré E	» 35	» »
20.	25 » noir sur rose. E	» 50	» »

INDES NÉERLANDAISES

Océanie Malaisie

Enveloppes

1877-79. *Effigie à droite (Guillaume III).*

Nos			Neuves.	Oblitér.
21.	10 cent	brun rouge . E	1f 25	» 25
23.	20 »	bleu	1f 75	» »
22.	25 »	violet . . . . E	2f »	» »

1881. *Idem, avec trois lignes d'inscriptions transversales noires.*

26.	10 cent	brun . . . . . E	1f 25	» 60

1884-86. *Même effigie, ovale.*

37.	10 cent	brun rouge. . . E	» 75	» 30
41.	12½ »	gris . . . . E	1f »	» »

1888. *Enveloppe de 1877 avec valeur en surcharge noire.*

47.	15 sur 25 c.	violet. . . . E	6f »	» »

1888. *Type 1881, ovale.*

48.	15 cent	bistre . . . . . E	1f 25	» »

INDO-CHINE

PROTECTORAT FRANÇAIS

Asie Sud, Orient

Enveloppes

1892-94. *Groupe allégorique (Navigation et Commerce).*

Nos			Neuves.	Oblitér.
16.	5 cent.	vert sur blanc E	» 15	» »
17.	15 »	bleu sur azuré E	» 35	» »
22.	25 »	noir sur rose . E	» 50	» »

ITALIE

(Voir Sardaigne.)

LA JAMAÏQUE

POSSESSION ANGLAISE

Amérique Centrale, Antilles

Bande

1888. *Effigie à gauche (Victoria I) dans un cercle, papier chamois.*

28.	½ penny	vert. . . . . E	» 20	» »

Feuilles-télégrammes

1880. *Timbre rond, effigie, relief et couleur, formule noire.*

18.	1 shill.	rose s. blanc. e	3f 50	» 60

19.	1 shill.	rose sur verdâtre *(Official.)*	» »	1f »

JAPON

EMPIRE

Asie Orient

Enveloppes

1873. *Chrysanthème.*

Nos		Neuves.	Oblitér.
19.	1 sen bleu vert . . .	E » 60	» »
20.	1 » bleu.	» »	» »
21.	2 » jaune	E » 75	» »
22.	4 » chair	E 1f	» » »

23. 6 sen brun violet . . E 2f » » »

1877. *Même genre, ovale.*

54. 2 sen gris vert . . . E » 50 » »

Bandes

1875. *Chrysanthème, ovale, caractères au milieu et aussi mêlés au feuillage.*

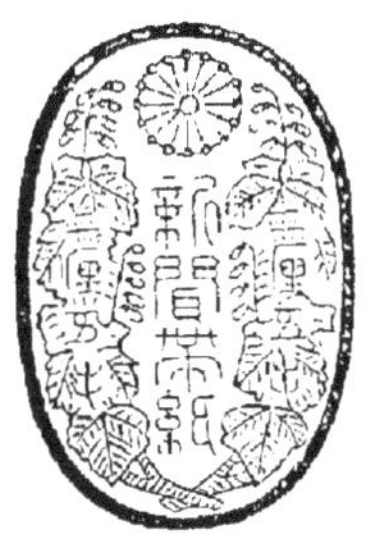

Nos		Neuves.	Oblitér.
28.	½ sen rouge	» »	» »

1877. *Même genre, pas de caractères mêlés au feuillage.*

55. ½ sen rouge . . . . » » » »

1882. *Même genre, feuillage ombré.*

57. rouge . . . . E » 35 » »

1884. *Inscriptions japonaises et européennes.*

66. 1 sen bleu . . . . . . E » 25 » »

Bande de service

1885. *Spéciale à l'Observatoire de Tokio. Inscription japonaise, papier indigène.*

Nos		Neuves.	Oblitér.
68.	rouge	» »	» »

JHIND

ÉTAT INDIEN

Asie Sud

Enveloppes

1885. *Enveloppes des Indes anglaises avec* JHIND STATE *ou* JEEND STATE *et armoiries en surcharge.*

			Neuves.	Oblitér.
27.	½ anna vert.	E	» 35	» »
28.	1 » brun	E	» 60	» »

LEEWARD ISLANDS

(Iles-sous-le-Vent)

POSSESSION ANGLAISE

Amérique Centrale, Antilles

Enveloppes

1891. *Effigie de Victoria à gauche, relief et couleur, ovale.*

Nos			Neuves.	Oblitér.
9.	1 penny rose	E	» 40	» »
10.	2½ pence bleu	E	» 75	» »

1891. *Même genre, rond (pour lettres enregistrées).*

			Neuves.	Oblitér.
11.	2 pence bleu.		» 75	» »

Bandes

1891. *Même effigie dans un cercle, papier chamois.*

			Neuves.	Oblitér.
12.	½ penny vert	E	» 20	» »
13.	1 » carmin . . .	E	» 40	» »

LEVANT

Europe et Afrique

BUREAUX ALLEMANDS

Enveloppe

1890. *Enveloppe d'Allemagne de 1889 avec valeur en surcharge noire.*

Nos		Neuves.	Oblitér.
13.	20 para s. 10 pf. carmin.	E 2f »	» »

BUREAUX ANGLAIS

Enveloppe

1893. *Enveloppe de Grande-Bretagne avec valeur en surcharge noire.*

7.	40 paras sur 2 ½ p. bleu	E » 75	» »

BUREAUX AUTRICHIENS

Enveloppes

1867. *Effigie à droite (François-Joseph I).*

Nos		Neuves.	Oblitér.
8.	3 soldi vert	E » 35	» »
9.	5 soldi rose	E » 60	» »
10.	10 » bleu	E 1f »	» »
11.	15 » brun	E 1f50	» »
12.	25 » violet	E 2f »	» »

LIBÉRIA

RÉPUBLIQUE

Afrique Occident

Enveloppes

1882. *Inscriptions, relief et couleur, "registration".*

16.	10 cents bleu clair	E 2f »	» »

1891. *Effigie de face.*

26.	3 c. bleu et rouge	E 2f »	» »

Idem, effigie effacée.

26a.	3 c. bleu et rouge	» »	» »

1892. *Type 1882.*

42.	10 cents lilas rose	» »	» »

1893. *Types divers.*

49.	2 c. orange *étoile*	E » 40	» »

Nos		Neuves.	Oblitér.
50.	3 c. br. rouge *Ashman* E	» 50	» »

		Neuves.	Oblitér.
51.	5 c. rose *Roberts*. . . E	» 75	» »
52.	10 » noir et orange *Cheeseman*. . E	1f 25	» »

1893. *Type 1882.*

53.	10 cents vert. . . . . . . E	2f »	» »

Bande

1893. *Type de l'enveloppe de 2 c. de 1892.*

48.	1 cent brun rouge . . E	» 20	» »

LOMBARDO-VÉNÉTIE

ROYAUME

Europe Sud

Enveloppes

1861. *Effigie à droite (François-Joseph I), relief et couleur.*

21.	3 soldi	vert . . . . . E	» 50	» »
22.	5 »	rouge. . . . E	» 50	» »
23.	10 »	brun . . . . E	» 75	» »
24.	15 »	bleu . . . . E	1f 25	» »
25.	20 »	orange . . . E	1f 50	» »
26.	25 »	brun . . . . E	1f 50	» »
27.	30 »	violet. . . . E	2f 25	» »
28.	35 »	brun clair. . E	2f 50	» »

La collection de 8 enveloppes entières. . . . . 10f » » »

1863. *Aigle, relief et couleur.*

Nos			Neuves.	Oblitér.
34.	3 soldi	vert. . . . E	» 50	» »
35.	5 »	rose. . . . E	» 50	» »
36.	10 »	bleu. . . . E	» 75	» »
37.	15 »	brun. . . . E	1f 25	» »
38.	25 »	violet . . . E	1f 50	» »

La collection de 5 enveloppes entières . . . . 4f » » »

Les prix indiqués aux émissions de 1861 et 1863 sont pour enveloppes réimprimées.

LUBECK

VILLE LIBRE

Europe Centre

Enveloppes

1863. *Aigle, relief et couleur, ovale, inscriptions obliques bistres, à gauche.*

13.	½ sch.	vert. . .	» »	» »
14.	1 »	rouge . . .	» »	» »
15.	2 »	rose. . . .	10f »	» »
16.	2½ »	bleu. . . .	4f »	» »
17.	4 »	bistre . . .	» »	» »

1865. *Idem, inscriptions obliques bistres, à droite.*

20.	½ sch.	vert. . . . E	2f 50	» »
21.	1 »	rouge . . . E	5f »	» »
22.	2 »	rose. . . . E	4f »	» »
23.	2½ »	bleu. . . . E	4f »	» »
24.	4 »	bistre . . . E	3f 50	» »

1866. *Même genre, inscriptions obliques bistres à droite.*

Nos		Neuves.	Oblitér.
26.	1½ sch. violet . . . E	2f »	» »

MADAGASCAR

PROTECTORAT FRANÇAIS

Afrique Sud, Orient

1894. *Groupe allégorique (Navigation et Commerce).*

		Neuves.	Oblitér.
25.	5 cent. vert sur blanc. E	» 15	» »
26.	15 » bleu sur azuré E	» 25	» »
27.	25 » noir sur rose . E	» 50	» »

MADÈRE

POSSESSION PORTUGAISE

Afrique Nord

Enveloppes

1879. *Type portugais 1871,* MADEIRA *en surcharge noire, papier chamois.*

		Neuves.	Oblitér.
35.	25 reis bleu. . . . . E	2f »	» »
36.	50 » rose. . . . . E	2f50	» »

FUNCHAL

Enveloppes

1893. *Effigie de Don Carlos, papier chamois.*

Nos		Neuves.	Oblitér.
15.	25 reis vert.	» 50	» »
16.	50 » bleu.	» 75	» »

MALACCA

POSSESSIONS ANGLAISES DU DÉTROIT

Asie Sud

Enveloppe

1891. *Effigie de Victoria à gauche, relief et couleur (pour lettres enregistrées).*

		Neuves.	Oblitér.
55.	5 cents bleu . . . . . . E	1f »	»

MALTE

POSSESSION ANGLAISE

Europe Sud

Enveloppe

1885. *Effigie à gauche (Victoria I), relief et couleur, "registration".*

		Neuves.	Oblitér.
10.	2 pence bleu . . . . E	» 60	» »

Bande

1885. *Même effigie, sans relief, papier chamois.*

Nos		Neuves.	Oblitér.
11.	½ penny vert	E » 20	» »

MARTINIQUE

POSSESSION FRANÇAISE

Amérique Centrale, Antilles

1892-94. *Groupe allégorique (Navigation et Commerce).*

40.	5 cent. vert sur blanc	E » 15	» »
41.	15 » bleu sur azuré	E » 35	» »
46.	25 » noir sur rose.	E » 50	» »

MAURICE

POSSESSION ANGLAISE

Afrique Orient

Enveloppes

1862-63. *Effigie à gauche (Victoria I), relief et couleur, formes diverses, papier azuré.*

Nos		Neuves.	Oblitér.
31.	6 p. violet *rond.* . .	E 3f	» » »
32.	9 p. brun *écusson.* .	E 5f	» » »
33.	6 » lilas brun *rond.*	E 25f	» » »

34.	1 sh. jaune *ovale* . .	» »	» »

1872. *Même genre, formes diverses, papier azuré.*

42.	10 pence lie de vin . .	» »	» »
43.	1 sh. 8 p. bleu. . . .	» »	» »

1877. *Idem, avec valeur en surcharge noire.*

49.	6 p. sur 10 p. lie de vin	» »	» »
50.	1 sh. sur 1 sh. 8 p. bleu.	» »	» »

1878. *Même genre, papier blanc.*

60.	8 c. bleu clair *rond* .	E 1f 25	» »
61.	25 » violet *rectangle*.	E 1f 50	» »
62.	50 » brun rouge, *type du nº 42*. .	» »	» »

1879. *Effigie, ovale uni.*

Nos		Neuves.	Oblitér.
72.	50 cents brun rouge . E	1f »	» »

1882. *Effigie, cadre guilloché.*

79.	8 cents bleu clair . . E	» 60	» »

1891. *Idem, avec valeur en surcharge noire.*

95.	50 c. sur 8 c. bleu clair	» »	» »

1891-92. *Même genre, sans surcharge.*

96.▼	8 cents bleu *registrat* E	» 60	» »
102.	12 » bleu *registr.* . E	1f »	» »
97.	50 » jaune . . . . E	3f »	» »

MAYOTTE

COLONIE FRANÇAISE

Afrique, Sud Orient

Enveloppes

1892-94. *Groupe allégorique (Navigation et Commerce).*

14.	5 cent. vert sur blanc E	» 15	» »

Nos		Neuves.	Oblitér.
15.	15 cent. bleu sur azuré E	» 35	» »
20.	25 » noir sur rose. E	» 50	» »

MECKLEMBOURG-SCHWERIN

GRAND-DUCHÉ

Europe Centre

Enveloppes

1856. *Couronne, tête de bœuf, relief et couleur, grosses inscriptions obliques rouges.*

4.	1 sch.	rouge. . . .	» »	» »
5.	1 ½ »	vert	» »	» »
6.	3 »	jaune. . . .	» »	» »
7	5 »	bleu	» »	» »

1860-66. *Idem, petites inscriptions obliques rouges.*

8.	1 sch.	rouge. . . .	1f »	» »
9.	1 ¼ »	vert . . . . E	10f »	» »
10.	3 »	jaune. . . . E	1f 25	» »
11.	5 »	bleu	» »	» »
12.	5 »	bistre . . . E	4f »	» »
13.	2 »	lilas . . . . E	1f 25	» »

MECKLEMBOURG-STRELITZ

GRAND-DUCHÉ

Europe Centre

Enveloppes

1864. *Couronne, tête de bœuf, relief et couleur.*

7.	1 silb.	rose	3f 50	» »
8.	2 »	bleu	3f 50	» »
9.	3 »	bistre . . .	5f »	» »

MEXIQUE

RÉPUBLIQUE

Amérique du Nord, Sud

Enveloppes

1874. *Effigie à gauche (curé Hidalgo), relief et couleur.*

Nos		Neuves.	Oblitér.
81.	10 centavos vert . . .	E 1f25	» 40
82.	25 » bleu . . .	E 2f50	» 30

1879-82. *Idem.*

96.	4 centavos rouge pâle	E » 60	» »
126.	5 » violet brun	» »	» »

1882. *Enveloppes à plusieurs timbres, même type.*

124.	5 & 5 cent. violet brun	» »	» »
125.	10 & 10 & 5 c. verts et violet brun	E 5f »	» »

1882. *Enveloppe de 1874 avec surcharge* HABILITADO *en noir sous le timbre.*

126a.	10 centavos vert. . .	E 2f50	» »
126b.	25 » bleu . .	F 5f »	» »

1884. *Même effigie, sans relief.*

142.	10 centavos vert. . .	E 2f »	»

1885. *Idem.*

Nos		Neuves.	Oblitér.
158.	5 centavos bleu clair.	» »	» »
159.	10 » jaune. . .	E 1f50	» »

1886. *Ovale, chiffre.*

178.	5 cent. bleu ciel. . .	E 1f »	» »
179.	10 » lilas brun . .	E 1f50	» »

1888-89. *Idem.*

191.	10 centavos rouge . .	E 1f50	» »
195.	20 » rouge . .	» »	» »

1885-88. *Timbres-poste de ces dates; effigie ou chiffre, imprimés dans leurs couleurs ordinaires ou en couleurs de fantaisie sur enveloppes de commande.*

Diverses valeurs.	» »	» »

1889. *Timbre en cours à droite.*

195d.	4 centavos rouge. .	» 60	» »
195a.	12 » » . . .	1f50	» »
195b.	20 » » . . .	» »	» »

Enveloppe de service

1886. *Effigie de Hidalgo, papier blanc ou jaune.*

162.	rouge.	» »	1f

Enveloppes de la COMPAGNIE WELLS FARGO

Pour ces enveloppes, dont la description est très compliquée, nous renvoyons au numéro 77 du *Collectionneur de Timbres-poste.* Nous indiquons seulement ici qu'elles sont composees : 1° de la vignette aux armes ci-dessus, imprimée en vert et portant la valeur; 2° d'un timbre, type des enveloppes 1884 ou 1886; 3° d'une inscription à l'aniline rose ou violette; 4° en plusieurs cas d'une surcharge de la valeur.

Le nombre de ces enveloppes est de quarante environ, sans tenir compte des formats.

Bandes

1885. *Timbre des enveloppes 1884 à droite imprimé en couleur; vignette, aigle et inscriptions en noir; papier brun.*

Nos		Neuves.	Oblitér.
151.	1 centavo bleu . . . *e*	» 30	» »
152.	2 » rose . . . *e*	» 50	» »

1886-87. *Timbre à chiffre des enveloppes de 1886, à droite, imprimé en couleur, aigle et inscriptions en noir, papier brun.*

184.	1 centavo vert bleu . . *e*	» 25	» »
180.	2 » carmin. . . *c*	» 40	» »

1893. *Idem, armes et inscriptions de la couleur du timbre, papier crème.*

228.	1 centavo vert. . . . E	» 20	» »

Nos		Neuves.	Oblitér.
229.	2 centavos carmin . . E	» 35	» »

MONACO

PRINCIPAUTÉ

Europe Centre, Occident

Enveloppes

1886. *Effigie à droite (Prince Charles III), papier blanc.*

11.	5 cent. bleu . . . . . E	» 25	» »
12.	15 » rose . . . . . E	» 50	» »

1891. *Effigie à gauche (Prince Albert).*

Nos		Neuves.	Oblitér.
33.	5 c. bleu sur blanc . . E	» 15	» »
34.	15 » carmin sur vert . E	» 40	» »

Bandes

1886. *Type des enveloppes de 1886, papier bulle.*

13.	1 cent. vert olive . . . E	» 10	» »
14.	2 » violet . . . . E	» 20	» »

1891. *Type des enveloppes de 1891, papier bulle.*

35.	1 cent. vert olive . . E	» 05	» »
36.	2 » violet . . . . E	» 10	» »

MONTÉNÉGRO

PRINCIPAUTÉ

Europe, Sud Orient

Enveloppes

1893. *Effigie de 3/4 à droite (Nicolas Petrovich), papier blanc ou crème.*

25.	5 nov. rouge . . . . . E	» 50	» »
26.	7 » violet . . . . . E	» 75	» »
27.	10 » bleu . . . . . . E	1f »	» »

1893. *Idem, avec caractères slaves et millésimes en surcharge noire (jubilé du quatrième centenaire de l'introduction de l'imprimerie).*

28.	5 nov. rouge	» »	» »
29.	7 » violet	» »	» »
30.	10 » bleu	» »	» »
	La série des trois enveloppes . . . . E	4f »	» »

Bandes

1893. *Timbres en cours, papier azuré.*

Nos		Neuves.	Oblitér.
31.	2 nov. jaune . . . . . E	» 20	» »
32.	3 » vert . . . . . . E	» 25	» »

NABHA

ÉTAT INDIEN

Asie Sud

Enveloppes

1885. *Enveloppes des Indes anglaises avec* NABHA STATE *et armoiries en surcharge ronde ou en deux lignes horizontales.*

11.	½ anna vert . . . . . . E	» 35	» »
12.	1 » brun . . . . . . E	» 60	» »

1890. *Idem, surcharge noire,*

18.	2 annas bleu *registr.* . E	1f »	» »

NATAL

POSSESSION ANGLAISE

Afrique Sud

Bandes

1885. *Effigie à gauche (Victoria I), papier chamois.*

46.	½ penny brun rouge E	» 20	» »
47.	1 » carmin . . E	» 40	» »

NICARAGUA

RÉPUBLIQUE

Amérique Centrale

Enveloppes

1888. *Triangle, montagnes.*

Nos		Neuves.	Oblitér.
16.	5 cent. bleu sur crème.	E » 75	» »
17.	10 » violet sur azuré	E 1f 25	» »

1890. *Idem, avec valeur en surcharge noire.*

23.	5 sur 10 c. violet . . .	» »	» »

1890. *Ovale, armes.*

24.	5 centavos bleu . . .	E » 75	» »
25.	10 » gris . . .	» »	» »
26.	20 » rose . . .	» »	» »
27.	30 » rouge brun	» »	» »
28.	50 » violet. . .	» »	» »
	La série des 5 enveloppes.	E 2f 50	» »

1891. *Déesse, millésime, papier de différentes couleurs.*

Nos		Neuves.	Oblitér.
84.	5 centavos bleu . . .	E » 75	» »
85.	10 » gris . . .	» »	» »
86.	20 » carmin . .	» »	» »
87.	30 » brun . . .	» »	» »
88.	50 » violet. . .	» »	» »
	La série des 5 enveloppes .	1f 50	» »

1892. *Sujet allégorique (découverte de l'Amérique par Christophe Colomb), papier de différentes couleurs.*

128.	5 centavos bleu. . .	» »	» »
129.	10 » gris . . .	» »	» »
130.	20 » rouge . .	» »	» »
131.	30 » brun . .	» »	» »
132.	50 » violet . .	» »	» »
	La serie des 5 enveloppes.	1f 25	» »

1893. *Armes, papier saumon.*

160.	5 centavos bleu . . .	» »	» »
161.	10 » gris violet	» »	» »

Nos		Neuves.	Oblitér.
162. 20 centavos rouge. .	» »	» »	
163. 30 » br. rouge.	» »	» »	
164. 50 » violet . .	» »	» »	
La série des 5 enveloppes.	E 1f60	» »	

1894. *Déesse, millésime, papier blanc.*

206. 5 centavos bleu. . .	» »	» »
207. 10 » gris. . .	» »	» »
208. 20 » rouge . .	» »	» »
209. 30 » brun . .	» »	» »
210. 50 » lilas. . .	» »	» »

Bandes

1890. *Type des enveloppes de 1890.*

29. 1 centavo vert.	» »	» »
30. 2 » vert.	» »	» »
31. 4 » vert.	» »	» »
La série des 3 bandes . . .	E 1f »	» »

1891. *Type des enveloppes de 1891.*

89. 1 centavo vert	E » 20	» »
90. 2 » vert	E » 35	» »
91. 4 » vert	E » 50	» »

1892. *Type des enveloppes de 1892.*

133. 1 centavo bleu. . . .	» »	» »
134. 2 » bleu. . . .	» »	» »
135. 4 » bleu . . .	» »	» »
La série des 3 bandes. . .	» 75	» »

1893. *Type des enveloppes de 1893.*

Nos	Neuves.	Oblitér.
165. 1 centavo vert. . . .	» »	» »
166. 2 » vert. . . .	» »	» »
167. 4 » vert. . . .	» »	» »
La série des 3 bandes . . .	E » 85	» »

1894. *Type des enveloppes de 1894.*

211. 1 centavo bleu. . . .	» »	» »
212. 2 » »	» »	» »
213. 4 » »	» »	» »

NORVÈGE

ROYAUME

Europe Nord, Occident

Enveloppes

1872-73. *Couronne, chiffre dans un cor.*

22. 2 sk. bleu.	» »	» »
23. 3 » rose.	E 1f25	» »

1877. *Même type.*

36. 5 ore bleu.	E » 75	» »

NOSSI-BÉ

POSSESSION FRANÇAISE

Afrique Sud Orient

Enveloppes

1894. *Groupe allégorique (Navigation et Commerce).*

43. 5 cent. vert sur blanc.	E » 15	» »

Nos		Neuves.	Oblitér.
44.	15 cent. bleu sur azuré. E	» 35	» »
45.	25 » noir sur rose . E	» 50	» »

NOUVELLE-CALÉDONIE

POSSESSION FRANÇAISE

Océanie Australasie

Enveloppes

1892-94. *Groupe allégorique (Navigation et Commerce).*

38.	5 cent. vert sur blanc E	» 15	» »
39.	15 » bleu sur azuré E	» 35	» »
44.	25 » noir sur violet E	» 50	» »

NOUVELLE-GALLES DU SUD

POSSESSION ANGLAISE

Océanie Australasie

Enveloppes

1838. *Armes, relief. (Spéciale à* **SYDNEY.)**

1.	blanc.	» »	» »

1871-81. *Effigie à gauche (Victoria I).*

Nos		Neuves.	Oblitér.
59.	1 penny rouge *1871*.	» »	» »
72.	2 pence bleu *1881*. . E	1f 50	» »

1880. *Même effigie, " registered ".*

71.	4 pence rose . . . . E	2f »	» .50

1888-89. *Types divers.*

82.	1 p. violet *Sidney* . . E	» 40	» 25
90.	2 » bleu *émou* . . . E	» 60	» »

1891. *Enveloppe registration de 1880 avec valeur en surcharge noire.*

110.	3 p. sur 4 p. rose .	3f »	» »

1892. *Même genre, sans surcharge*

117.	3 pence rose.	» »	» »

1892. *Même effigie, type de 1871.*

118	1/2 penny gris. . . . E	» 25	» »

Enveloppes de service

1886. *Type de l'enveloppe de 1871 avec o s dans les angles, papier blanc.*

Nos — Neuves. Oblitér.

74. 1 penny rouge . . . . » » » »

1889. *Type de l'enveloppe de 1888 avec o s dans les angles.*

91. 1 penny violet . . . . » » » 35

Bandes

1864. *Ovale, effigie, relief et couleur.*

53. 1 penny rouge . . . » » » »

1865. *Rectangulaire, type de l'enveloppe 1871.*

54. 1 penny rouge . . . E 1f » » »

1888. *Type de l'enveloppe 1888.*

86. 1 p. violet *Sydney*. . E » 40 » »

1892. *Type de 1865, avec valeur en surcharge noire.*

119. 1/2 p. sur 1 p. gris . » » » »

1892. *Idem, sans surcharge.*

120. 1/2 penny gris. . . . E » 25 » »

NOUVELLE-RÉPUBLIQUE

Sud Afrique

Enveloppes

1885. *Enveloppe formée d'un timbre de Transvaal de 1885, collé à l'angle droit et frappé du timbre rond violet ci-dessous :*

Nos — Neuves. Oblitér.

64. ½ p. sur 3 p. rouge. . » . » »

1887. *Inscriptions, millésime.*

18. 2 pence violet. . . . . » » » »

NOUVELLE-ZÉLANDE

POSSESSION ANGLAISE

Océanie Australasie

Bande

1878. *Effigie à gauche (Victoria I).*

36. ½ penny rose. . . . E » 20 » »

OBOCK

COLONIE FRANÇAISE

Afrique Orient

Enveloppes

1892. *Groupe allégorique (Navigation et Commerce).*

Nos			Neuves.	Oblitér.
48.	5 cent. vert sur blanc	E	» 15	» »
49.	15 » bleu sur azuré	E	» 35	» »

1894. *Groupe d'indigènes.*

76.	5 cent. vert et brun sur blanc.	E	» 15	» »
77.	15 » bleu et rose sur azuré.	E	» 35	» »
78.	25 » noir et bleu sur rose	E	» 50	» »

OCÉANIE

ÉTABLISSEMENTS FRANÇAIS

Polynésie

Enveloppes

1892-94. *Groupe allégorique (Navigation et Commerce).*

14.	5 cent. vert sur blanc	E	» 15	» »

Nos			Neuves.	Oblitér.
15.	15 cent. bleu sur azuré	E	» 35	» »
20.	25 » noir sur rose .	E	» 50	» »

OLDENBOURG

GRAND-DUCHÉ

Europe Centre

Enveloppes

1861. *Armes, relief, inscriptions obliques bleues à gauche.*

15	½	gros.	brun . . .	»	»	»	»
16.	1	gros.	bleu. . . .	»	»	»	»
17.	2	»	rose. . . .	»	»	»	»
18.	3	»	jaune . . .	»	»	»	»

1862 *Idem, inscriptions obliques bleues à droite.*

24.	½	gros.	orange . .	3f	»	»	»
25.	1	»	rose. . . .	2f	»	»	»
26.	2	»	bleu. . . .	»	»	»	»
27.	3	»	bistre . . .	5f	»	»	»

Enveloppe de guerre

1866. *Composition typographique*

28.	noir sur blanc. . . .	»	»	»	»

PARAGUAY

RÉPUBLIQUE

Amérique du Sud, Centre

Enveloppes

1887. *Chiffre, lion, papier crème.*

48.	5 centavos bleu. . . .	E	» 75	» »

1892. *Enveloppe de 1887 avec un second timbre en noir portant une effigie de Colomb et la valeur (pour le quatrième centenaire de la découverte de l'Amérique).*

Nos		Neuves.	Oblitér.
62.	5 & 15 c. bleu et noir.	E 10f »	» »

Bande

1887. *Type de l'enveloppe 1887, papier chamois.*

47.	2 centavos carmin . .	E » 40	» »

PAYS-BAS

ROYAUME

Europe Centre, Occident

Enveloppes

1875. *Effigie à gauche (Guillaume III).*

Nos		Neuves.	Oblitér.
36.	5 c. bleu	E » 40	» »
35.	12½ » gris	E 1f »	» »

Feuille-lettre

1888. *Banderole en haut et petite effigie au milieu dans un cercle.*

68.	5 cent. bleu	e » 35	» »

PÉROU

RÉPUBLIQUE

Amérique du Sud, Occident

Enveloppes

1874. *Armes, relief et couleur.*

Nos		Neuves.	Oblitér.
28.	2 c. bleu s. chamois	E » 35	» »
29.	5 c. vert sur blanc .	E » 40	» »
30.	10 » rouge id. . . .	E 1f50	» 50
31.	20 » violet id. . . .	E 3f »	» »
32.	50 » rose id. . . .	1f »	» »
33.	5 » vert sur paille .	E » 75	» »
34.	10 » rouge id. . . .	» »	» »
34a.	20 » violet id. . . .	» »	» »

1882. *Idem, avec les armes du Chili et* CAJA FISCAL DE LIMA *en surcharge rouge.*

70.	2 centavos bleu . . .	3f »	» »

Nos				Nouves.	Oblitér.		
71.	5 centavos	vert . . .	E 5f	»	»	»	
72.	10 »	rouge . .	3f	»	»	»	
73.	20 »	violet . .	»	»	»	»	
74.	50 »	rose . . .	»	»	»	»	

1886. *Idem, surcharge bleue ci-dessous imprimée à gauche du timbre.*

137.	2 cent.	bleu.	E 4f	»	»	»
137a.	5 »	vert.	»	»	»	»
138.	10 »	rouge. . . .	E 2f	»	1f	»
139.	20 »	violet. . . .	E 3f	»	»	»
140.	50 »	carmin . . .	E 5f	»	»	»

PERSE

ROYAUME

Asie Occident

Enveloppes

1877. *Effigie du shah Nasser-ed-Din, noir sur fond imprimé en couleur.*

14. 5 chahi rose . . . . . E 1f » » »

1886. *Lion et soleil, chiffres européens dans les angles.*

53.	6 chahi	carmin . . .	»	»	»	»
54.	12 »	lilas terne . .	»	»	»	»

1888. *Idem, avec surcharge noire en caractères arabes.*

Nos			Nouves.	Oblitér.		
69.	6 chahi	carmin. . . .	»	»	»	»
70.	12 »	lilas terne . .	»	»	»	»

Bandes

1886. *Type des enveloppes de 1866, papier jaune.*

55. 1 chahi carmin . . » » » »

1888. *Idem, avec surcharge noire en caractères arabes.*

71. 1 chahi carmin. . . . » » » »

POLOGNE

ROYAUME

Europe Nord, Orient

Enveloppes

1858. *Aigle au centre, inscriptions en haut, impression à main, défectueuse.*

1. rouge . . . . . » » » »

1860. *Idem, même légende partie en haut, partie en bas, aigle petit.*

2. rouge . . . . . » » » »

1860. *Aigle.*

Nos			Neuves.	Oblitér.
4.	3 kop.	bleu	10f »	» »
5.	10 »	noir	» »	» »

PORTUGAL

ROYAUME

Europe Sud, Occident

Enveloppes

1879. *Effigie (Don Luis I), papier chamois.*

56.	25 reis	bleu . . . . E	» 50	» »
57.	50 »	rose. . . . . E	1f	» »

1893. *Effigie de 3/4 à gauche (Don Carlos Ier).*

105.	25 reis	vert. . . . . . E	» 35	» »
106.	50 »	bleu ciel . . . E	» 60	» »

PRUSSE

ROYAUME

Europe Centre

Enveloppes

1851. *Effigie à droite (Frédéric-Guillaume IV), relief et couleur, fils de soie transversaux.*

Nos				Neuves.	Oblitér.
6.	1	silb.	rose	» »	2f50
7.	2	»	bleu. . . .	» »	» »
8.	3	»	jaune . . . E	15f »	2f50
9.	3	»	jaune foncé	» »	» »

1852. *Même genre, octogone.*

10.	4	silb.	brun. . . .	*2f »	» »
11.	5	»	violet . . .	*2f »	» »
12.	6	silb.	vert. . . .	*2f »	» »

13.	7	silb.	rouge . . .	*2f »	» »

1856. *Type 1851, inscriptions obliques grises à gauche.*

14.	1	silb.	rose. . . .	*1f50	» 35
15.	2	»	bleu. . . .	*2f »	» »
16.	3	»	jaune . . .	*2f50	» »
17.	3	»	jaune foncé	» »	» »

* Les enveloppes neuves précédées d'une étoile sont réimprimées ; les oblitérées précédées de l'étoile sont anciennes, mais découpées en ovale ou octogone, sans marges.

1861. *Aigle, relief et couleur, inscriptions obliques grises, au-dessus du timbre.*

Nos				Neuves.	Oblitér.		
32.	1	silb.	rose. . . .	E 6f	»	»	»
33.	2	»	bleu terne .	»	»	»	»
34.	2	»	bleu. . . .	E 6f	»	»	»
35.	3	»	bistre . . .	E 6f	»	»	»

1863. *Idem, inscriptions obliques traversant le timbre.*

43.	1	silb.	rose. . . .	E 3f	»	»	15
44.	2	»	bleu. . . .	E 4f	»	»	50
45.	3	»	bistre . . .	E 4f	»	»	25

1867. *Idem, octogones, chiffres aux angles.*

50.	3	pfen.	violet . . .	E 5f	»	»	»
51.	6	»	orange. . .	E 6f	»	»	»

1867. *Idem, spéciales à la Société Victoria (Invalides de la guerre).*

49.	4	pfen.	vert . . .	»	»	»	»

1867. *Aigle, relief et couleur.*

57.	1	kreuzer	vert. . . .	»	»	»	»

Nos				Neuves.		Oblitér.	
58.	2	kreuzer	orange . .	»	»	»	»
59.	3	»	rose. . . .	»	»	»	»
60.	6	»	bleu. . . .	»	»	»	»
61.	9	»	bistre . . .	»	»	»	»

Enveloppes de guerre

1866. *Composition typographique.*

48.	noir sur blanc . . .	»	»	»	»
48a.	» » gris. . . .	»	»	»	»

PUTTIALLA

ÉTAT INDIEN

Asie Sud

Enveloppes

1885. *Enveloppes des Indes anglaises avec* PUTTIALLA STATE *en surcharge ovale. Idem, avec surcharge en deux lignes.*

9.	½ anna	vert.	E » 50	»	»
10.	1 »	brun	E » 75	»	»

1887. *Idem, en plus les armes ci-dessous, de la couleur du timbre.*

9a.	½ anna	vert.	»	»	»	»
10a.	1 »	brun	»	»	»	»

1891. *Idem, surcharge noire.*

13.	2 annas bleu, *registr.*	1f	»	»	»

QUEENSLAND

POSSESSION ANGLAISE

Océanie, Australasie

Enveloppe

1892. *Effigie de Victoria à gauche, papier blanc ou teinté.*

Nos		Neuves.	Oblitér.
49.	1 penny rouge	» »	» »

Bandes

1892. *Même genre, types divers, papier blanc ou chamois.*

50.	½ penny vert.	» 25	» »
51.	1 » rouge	» »	» »

RAJPEEPLA

ÉTAT INDIEN

Asie Sud

Enveloppes

1875. *Inscriptions orientales.*

1.	1 paisa noir	» »	» »

Nos		Neuves.	Oblitér.
2.	2 paisas noir *registered*	» »	» »
3.	3 » noir	» »	» »
4.	4 » noir	» »	» »

LA RÉUNION

POSSESSION FRANÇAISE

Afrique Sud Orient

Enveloppes

1892-94. *Groupe allégorique (Navigation et Commerce).*

49.	5 cent. vert sur blanc E	» 15	» »
50.	15 » bleu sur azuré E	» 35	» »
56.	25 » noir sur rose. E	» 50	» »

ROUMANIE

PRINCIPAUTÉ

Europe Sud, Orient

Bandes

1870. *Effigie à gauche (Charles I), noir sur couleur.*

38.	1½ bani vert . . . . E	» 50	» »

1871. *Même genre, couleur sur couleur.*

Nos		Neuves.	Oblitér.
46.	1 ½ bani bleu sur jaune	E » 50	» 15
47.	1 ½ » bleu foncé id.	» »	» 25

1892. *Même genre.*

141.	1 ½ bani noir	E » 10	» »

1894. *Même genre.*

156.	1 ½ bani noir.	E » 10	» »

RUSSIE

EMPIRE

Europe Nord, Orient

Enveloppes

1848. *Aigle et cors, relief et couleur.*

3.	10 + 1 kop. noir	E 3f 50	1f »

Nos		Neuves.	Oblitér.
4.	20 + 1 kop. bleu foncé	» »	» »
5.	30 + 1 » rose	» »	» »

1866. *Idem.*

15.	20 + 1 kop. bleu clair.	E 10f »	» »
16.	30 + 1 » rouge pâle	» »	» »

1868. *Aigle dans un ovale, relief et couleur, inscription finissant par* потъ.

17.	10 kop. brun	E 3f 50	» »
18.	20 » bleu	» »	» »
19.	30 » carmin	» »	» »

1869. *Aigle dans un rond, sans relief, inscription en haut et en bas.*

20.	5 kop. lilas.	» »	» »

1870. *Même genre, sans inscription en bas.*

21.	5 kop. carmin.	E 2f 50	» »

1875. *Type 1868, inscription finissant par* копъекъ.

24a.	5 kop. violet	E 2f	» »
25.	8 » gris	E 2f	» 35
26.	10 » brun	» »	» »
27.	20 » bleu	» »	» »

1879. *Idem.*

Nos		Neuves.	Oblitér.
33.	7 kop. gris	E 1f 25	» 20

1880. *Enveloppes de 1875 avec* ЦѢНА 7 КОП *en surcharge rouge.*

35.	7 kop. sur 8 k. gris .	E 3f	»	» »
36.	7 kop. sur 10 k. brun.	E 3f	»	» »
37.	7 » » 20 » bleu.	»	»	» »

1884. *Aigle et cors au-dessous.*

48.	5 kop. violet.	E » 75	» »
49.	7 » bleu	E 1f »	» 20

1884. *Aigle, manteau, cors aux angles supérieurs, relief et couleur.*

50.	14 kop. bleu foncé. . .	E 1f 50	» 40

1889-91. *Genre de 1884, timbre modifié, cors et foudres sous l'aigle.*

Nos		Neuves.	Oblitér.
83.	5 kop. violet.	» »	» »
62.	7 » bleu	E » 40	» 20

1889. *Mêmes armes.*

60.	10 kop. bleu s. crème.	E » 75	» »
61.	20 » bleu s. azuré .	E 1f 50	» »

Bandes

1890. *Armes, papier chamois.*

68.	1 kopek orange. . . .	E » 15	» »
69.	2 » vert	E » 25	» »

SAINT-PÉTERSBOURG

Poste Locale

Enveloppes

1845. *Aigle et cors.*

1.	5 kop. bleu terne . .	15f »	» »
2.	5 » bleu ciel . . .	15f »	» »

MOSCOU

POSTE LOCALE

Enveloppes

1846. *Aigle et cors, type analogue à celui de Saint-Pétersbourg.*

Nos		Neuves.	Oblitér.
1.	5 kop. rouge.	» »	» »

SAINTE-LUCIE

POSSESSION ANGLAISE

Amérique Centrale, Antilles

Enveloppe

1888. *Effigie à gauche (Victoria I), relief et couleur, "registration".*

35.	2 pence bleu	E » 75	» »

Bandes

1887. *Même effigie, papier chamois.*

33.	½ penny vert	E » 20	» »
34.	1 » carmin. . . .	E » 40	» »

SAINT-PIERRE & MIQUELON

POSSESSION FRANÇAISE

Amérique du Nord, Nord

Enveloppes

1892-94. *Groupe allégorique (Navigation et Commerce).*

Nos		Neuves.	Oblitér.
50.	5 cent. vert sur blanc	E » 15	» »
51.	15 » bleu sur azuré	E » 35	» »
79.	25 » noir sur rose.	E » 50	» »

SAINT-VINCENT

POSSESSION ANGLAISE

Amérique Centrale, Antilles

Enveloppe

1893. *Effigie de Victoria à gauche, relief et couleur (pour lettres enregistrées).*

40.	2 pence bleu.	E » 75	» »

Bandes

1893. *Même effigie dans un cercle papier chamois.*

41.	½ penny vert.	E » 20	» »
42.	1 » carmin. . .	E » 40	» »

SALVADOR

RÉPUBLIQUE

Amérique Centrale

Enveloppes

1887. *Types divers, relief et couleur,* PROVISIONAL *en surcharge noire au-dessus du timbre pour les 5 et 10 c.*

Nos		Neuves.	Oblitér.
22.	5 c. bleu *Morazan.* .	E 1f »	» »
23.	10 » rouge *Liberté.* .	E 2f »	» »

24.	11 c. bleu pâle, *armes.*	E 2f »	» »
29.	11 » vert jaune	1f 25	» »

1889. *Volcan, relief et couleur,* PROVISIONAL *en surcharge noire au-dessus du timbre.*

28. 5 centavos bleu . . . . » » » »

1890. *Liberté, ovale, relief et couleur.*

Nos		Neuves.	Oblitér.
44.	5 c. bleu s. blanc ou crème	» »	» »
45.	10 » brun rouge s. vert.	» »	» »
46.	11 » jaune sur vert . . .	» »	» »
47.	20 » violet rouge s. vert.	» »	» »
48.	22 » brun jaune s. bleu.	» »	» »
	La série des 5 enveloppes.	1f 75	» »

1891. *Volcan, navire et chemin de fer, millésime, papier de différentes couleurs.*

69.	1 centavo	violet . . .	» »	» »
70.	2 »	rouge . . .	» »	» »
71.	5 »	brun. . . .	» »	» »
72.	10 »	vert	» »	» »
73.	11 »	orange. . .	» »	» »
74.	20 »	carmin . .	» »	» »
75.	22 »	brun. . . .	» »	» »
	La série des 7 enveloppes .		3f »	» »

1892. *Sujet allégorique (Christophe Colomb débarquant en Amérique), relief et couleur.*

Nos — Neuves. Oblitér.

96. 1 c. vert sur blanc . . » » » »
97. 5 » bleu sur bleu . . » » » »

98. 10 c. carmin s. chamois » » » »
99. 11 » brun sur saumon » » » »
100. 20 » orange s. chamois » » » »
101. 22 » bleu foncé s. saum. » » » »
La série des 6 enveloppes. 2f 50 » »

1893. *Effigie de trois quarts à droite du général Carlos Ezeta, papier bleu*

126. 1 centavo bleu . . . . » » » »
127. 3 » violet. . . » » » »
128. 5 » brun foncé » » » »
129. 10 » brun rouge » » » »
130. 11 » rouge. . . » » » »
131. 20 » vert. . . . » » » »
132. 22 » carmin . . » » » »
La série des 7 enveloppes. 2f 35 » »

1894. *Liberté, relief et couleur.*

154. 1 cent. brun clair. . » » » »

Nos — Neuves. Oblitér.

155. 3 cent. rouge. . . . » » » »
156. 5 » brun rouge . » » » »
157. 10 » violet. . . . » » » »
158. 11 » carmin . . . » » » »
159. 20 » bleu foncé. . » » » »
160. 22 » vert . . . . » » » »

Bandes

1890. *Type des enveloppes de 1890, papier blanc.*

49. 3 centavos brun . . . » » » »
50. 6 » brun . . . » » » »
51. 12½ » brun . . . » » » »
52. 25 » brun . . . » » » »
La série des 4 bandes . . . 1f 25 » »

1891. *Type des enveloppes de 1891.*

76. 2 centavos rouge. . . » » » »
77. 3 » bleu . . . » » » »
78. 6 » vert . . . » » » »
79. 12½ » brun . . . » » » »
La série des 4 bandes. . . 1f 50 » »

1892. *Type des enveloppes de 1892, papier bleu.*

102. 2 centavos brun . . » » » »
103. 3 » brun . . » » » »
104. 6 » brun . . » » » »
105. 12½ » brun . . » » » »
La série de 4 bandes . . . 1f 25 » »

1893. *Type des enveloppes de 1893.*

133. 2 centavos rouge . . » » » »
134. 5 » violet . . » » » »
135. 10 » brun. . . » » » »
136. 11 » rouge . . » » » »
La série des 4 bandes. . . 1f 75 » »

1894. *Type des enveloppes de 1894.*

161. 2 cent. bleu. . . . . » » » »
162. 3 » rouge. . . . » » » »
163. 10 » violet . . . . » » » »
164. 11 » carmin . . . » » » »

SARDAIGNE

ROYAUME

Europe Sud

Enveloppes

1818. *Courrier à cheval, cadres divers. (Enveloppes pour lettres transportées en dehors du service des postes, c'est-à-dire par voituriers, conducteurs de diligences et autres voies privées.)*

Nos		Neuves.	Oblitér.
1.	c. 15 bleu *rond*	» »	» »
2.	c. 25 bleu *ovale*	» »	» »
3.	c. 50 bleu *octogone* . .	» »	» »

1820. *Même genre, relief.*

4.	c.15 blanc *rond*. . . .	» »	» »
5.	c.25 blanc *ovale* . . .	» »	» »
6.	c.50 blanc *octogone*. .	» »	» »

La collection des trois enveloppes relief, réimprimées et coupées . 2f » » »

SAXE

ROYAUME

Europe Centre

Enveloppes

1859. *Effigie à gauche (Jean), relief et couleur, inscriptions obliques vertes à gauche.*

Nos				Neuves.	Oblitér.
14.	1	neugr.	rose . . .	E 10f »	» »
15.	2	»	bleu . . .	E 5f »	» »
16.	3	»	jaune. . .	E 7f »	» »
17.	5	»	violet. . .	E 4f »	» »
18.	5	»	lilas . . .	» »	» »
19.	10	»	vert . . .	» »	» »

1862. *Idem, inscriptions obliques vertes à droite.*

20.	1	neugr.	rose . . .	10f »	» »
21.	2	»	bleu ciel .	10f »	» »
22.	3	»	jaune . . .	» »	» »
23.	5	»	lilas . . .	» »	» »

1863. *Armes, relief et couleur.*

32.	1	neugr.	rose . . .	E 1f25	» »
33.	2	»	bleu . . .	E 3f50	» »
34.	3	»	bistre. . .	E 3f »	» 50
35.	5	»	lilas . . .	» »	» »

1865. *Même genre, octogone.*

36.	½	neugr.	orange. .	E 1f25	» »

SÉNÉGAL

POSSESSION FRANÇAISE

Afrique Occident

Enveloppes

1892-94. *Groupe allégorique (Navigation et Commerce).*

Nos		Neuves.	Oblitér.
21.	5 cent. vert sur blanc E	» 15	» »
22.	15 » bleu sur azuré E	» 35	» »
27.	25 » noir sur rose. E	» 50	» »

SHANGHAI

PORT CHINOIS

Asie Orient

Enveloppes

1893. *Enveloppe provisoire, inscription et timbre sec en relief.*

101e. 1 cent noir. . . . . » 20 » »

1893. *Armes, inscriptions en noir, relief et couleur.*

102.	1 cent brun. . . . . E	» 20	» »
103.	2 » rose. . . . . E	» 30	» »
104.	5 » bleu . . . . E	» 60	» »

1893. *Idem, ayant en surcharge noire* 1843—Jubilee—1893, *en gothique, sur trois lignes transversales.*

Nos		Neuves.	Oblitér.
121.	1 cent brun	» »	» »
122.	2 » rose.	» »	» »
123.	5 » bleu	» »	» »
	La série des 3 enveloppes. E	1f 50	» »

Bandes

1893. *Bande provisoire, inscriptions et timbre sec en relief.*

105e. ½ cent noir. . . . . » 10 » »

1893. *Armes, inscriptions en noir, relief et couleur.*

106.	½ cent orange . . . E	» 10	» »
107.	1 » brun.. . . . E	» 15	» »
108.	2 » rose . . . . E	» 30	» »

1893. *Idem, ayant en surcharge noire* 1843—Jubilee—1893 *en gothique, sur trois lignes transversales.*

124.	½ cent orange. . . .	» »	» »
125.	1 » brun.	» »	» »
126.	2 » rose	» »	» »
	La série des 3 bandes. . . E	» 75	» »

SIERRA-LEONE

POSSESSION ANGLAISE

Afrique Occident

Enveloppe

1894. *Effigie à gauche (Victoria I) relief et couleur.*

24. 2 pence bleu, *registr.* E » 75 » »

SOUDAN FRANÇAIS

POSSESSION FRANÇAISE

Afrique Occident

Enveloppes

1894. *Groupe allégorique (Navigation et Commerce).*

Nos		Neufs.	Oblitér.
16.	5 cent. vert sur blanc. E	» 15	» »
17.	15 » bleu sur azuré E	» 35	» »
18.	25 » noir sur rose. E	» 50	» »

SUÈDE

ROYAUME

Europe Nord, Occident

Enveloppes

1872. *Trois couronnes, relief et couleur.*

30.	12 ore bleu. . . . . . . E	1f »	» 35

1885. *Idem.*

71.	10 ore carmin . . . . . E	» 40	» »

1889. *Idem, avec valeur en surcharge bleue.*

86.	10 ore s. 12 ore bleu. . E	» 75	» »

1891-92. *Type 1872.*

Nos		Neuves.	Oblitér.
108.	2 ore jaune . . . . . . E	» 10	» »
100.	4 » gris noir s. blanc E	» 20	» »
101.	5 » vert foncé s. azuré E	» 25	» »

SUISSE

CONFÉDÉRATION

Europe Centre

Enveloppes

1867-74. *Colombe, croix dans un écusson, relief et couleur.*

45.	5 brun clair . . . . . E	» 75	» 25
46.	10 rose. . . . . E	» 50	» 05
47.	25 vert. . . . . E	» 75	» 15
48.	30 bleu	» »	» 60
49.	5 brun foncé . . . . E	» 25	» 10

Enveloppe de guerre

1870. *Croix au milieu, composition typographique.*

56e.	noir s. coul. diverses E	» 35	» »

Bandes

1871-72. *Croix, feuillage, chiffre.*

62.	2 cent. rouge . . . . E	1f50	» »
63.	5 » rouge	» »	» »
64.	5 » rose.	» »	» »

1873-74. *Ovale, croix et chiffre, relief et couleur.*

Nos			Neuves.	Oblitér.
65.	2	rose	E 2f 50	» »
66.	5	rose	E 2f 50	» »
67.	2	bistre *1874*. . . .	E » 50	» »
68.	5	brun.	E » 50	» »

1883. *Idem.*

105.	2	noir	E » 10	» »
106.	5	rouge	E » 15	» »

GENÈVE

Enveloppe

1845. *Armes.*

6. 5 c. vert sur blanc. . » » » »

TABAGO

POSSESSION ANGLAISE

Amérique Centrale, Antilles

Enveloppe

1892. *Effigie à gauche de Victoria, relief et couleur.*

33. 2 pence bleu . . . . . E » 75 » »

TAHITI

POSSESSION FRANÇAISE

Bandes

1884. *Bandes sans timbre, mais avec* TAHITI *et valeur imprimés à main.*

Nos		Neuves.	Oblitér.
5.	5 c. noir	» »	» »
6.	10 » noir	» »	» »

Le graveur a, par erreur, reproduit l'oblitération en même temps que le timbre à main.

TASMANIE

POSSESSION ANGLAISE

Océanie Australasie

Enveloppes

1883. *Effigie à gauche (Victoria I), relief et couleur.*

35.	2 pence vert.	E » 60	» »
36.	4 » bleu. "*registration*". . .	» »	» »

1891. *Même genre (Enveloppes de de commande).*

57.	½ penny rouge. . . .	E » 35	» »
43.	1 » rouge. . . .	E » 50	» »

1892. *Genre 1883, sans valeur indiquée (pour lettres enregistrées)*

Nos		Neuves.	Oblitér.
46.	bleu	E 1f »	» »

Bandes

1892. *Types divers, papier blanc ou de couleur (de commande?).*

48.	½ p. rouge *effigie* . .	» »	» »
49.	1 » rouge *effigie* . .	» »	» »
50.	2 » rouge *ornithorynque*	» »	» »

TERRE-NEUVE

POSSESSION ANGLAISE

Amérique du Nord, Nord

Enveloppes

1889. *Effigie à gauche (Victoria I) relief et couleur.*

44.	3 cents violet	E » 50	» »
45.	5 » bleu.	E » 75	» »

Bandes

1889. *Même effigie sans relief, papier chamois.*

46.	1 cent vert	E » 20	» »
47.	2 » carmin	E » 40	» »
48.	3 » brun.	E » 50	» »

ILES TONGA

ROYAUME

Océanie, Polynésie

Enveloppes

1892. *Armes à la patte, papier azuré (pour lettres enregistrées.)*

Nos		Neuves.	Oblitér.
10.	6 pence rouge	» »	» »

1892. *Même genre, petites armes.*

11.	6 pence rouge	» »	» »

1892. *Idem.*

12.	4 pence rouge	» »	» »

Feuille-lettre

1892. *Timbre à la patte, armes, papier rose.*

13.	1 penny rouge	» »	» »

TRANSVAAL

RÉPUBLIQUE

Afrique Sud

Enveloppes

1869. *Inscriptions, millésime, imprimé à main, papier blanc ou couleur.*

Nos		Neuves.	Oblitér.
1.	6 pence noir.	» »	» »

1869. *Même genre plus petit, valeur manuscrite papier brun.*

2.	6 pence noir.	» »	» »

1872. *Armes et drapeaux.*

19.	6 pence bleu . . . . E 4f	» »	» »

1874. *Idem, valeur sur fond blanc.*

Nos		Neuves.	Oblitér.
20.	6 pence bleu	» »	» »

TRAVANCORE

ÉTAT INDIEN

Asie Sud

Enveloppes

1890. *Conque, types divers.*

5.	1 chukram	bleu foncé . E	» 50	» 40
6.	2 »	rouge . . . E	1f »	» »
7.	3 »	violet. . . . E	1f50	» »
8.	4 «	vert foncé. . E	2f »	» »

LA TRINITÉ

POSSESSION ANGLAISE

Amérique Centrale, Antilles

Enveloppe

1884. *Effigie à gauche (Victoria I), relief et couleur, "registration".*

52.	2 pence bleu. . . . . E	» 75	» »

Bandes

1884. *Même effigie, types divers.*

Nos		Neuves.	Oblitér.
50.	½ penny vert.	E » 20	» »
51.	1 » carmin . . .	E » 40	» »

1885. *Idem, avec valeur en lettres en surcharge noire.*

53.	½ p. sur 1 p. rose . .	» »	» »

TUNIS

RÉGENCE

Afrique Nord

Enveloppes

1888. *Armes et trophée.*

9.	5 c. vert sur blanc . .	E » 35	» »
10.	15 » bleu sur azuré. .	E 1f 50	» »

1888. *Type refait, mieux gravé, chiffres plus gros.*

23.	5 c. vert sur blanc . .	E » 20	» 10
24.	15 » bleu sur azuré. .	E » 40	» 15

1893. *Idem*

Nos		Neuves.	Oblitér.
31.	10 c. noir sur azuré. .	E » 30	» »

TURQUIE

EMPIRE

Europe Sud, Orient

Enveloppes

1869. *Croissant, relief et couleur, inscriptions en surcharge noire, papier bulle. Cachet en relief sur le côté.*

51.	1 piastre jaune . . .	E 1f »	» »
52.	60 paras brun . . .	E 1f 50	» »
53.	3 piastres orange . .	E 2f »	» »
54.	6 » violet . . .	E 6f »	» »

URUGUAY

RÉPUBLIQUE

Amérique du Sud, Orient

Enveloppes

1866. *Chiffre, armes, relief et couleur.*

36.	5 centecim. bleu *erreur*	» »	» »
37.	10 » vert *id.*	» »	» »
38.	5 centesim. bleu . . .	E 1f 50	» »
39.	10 » vert . . .	» »	» »

1879. *Chiffre, armes.*

Nos		Neuves.	Oblitér.
59.	5 centesimos rouge	E 2f »	» »
60.	10 » bleu	E 1f50	» »
61.	20 » rouge	E 2f50	» »

1881. *Même genre.*

3^ SERIE

66.	5 centesimos vert	E » 75	» 40

Enveloppes de service

1866. *Armes, relief et couleur.*

29.	bleu sur blanc	» »	» »
30.	rouge sur bleu	» »	» »

Bande

1879. *Chiffre, soleil.*

58.	1 centesimo rouge	E » 30	» »

VICTORIA

POSSESSION ANGLAISE

Océanie Australasie

Enveloppes

1869-78. *Effigie à gauche (Victoria I), relief et couleur, papier blanc.*

Idem, papier azuré.

Nos		Neuves.	Oblitér.
69.	1 penny vert *1878*	» »	» »
52.	2 pence rose *1869*	E 1f50	» »

1881. *Même genre, " registration ".*

74.	4 pence violet	E 3f50	» »

1881. *Genre du n° 52, toutes les lettres de couleur sur fond guilloché.*

75.	1 penny vert	» »	» »

1885. *Même effigie, types divers, sans relief, papier blanc; papier azuré.*

Nos		Neuves.	Oblitér.
95.	1 penny vert.	» »	» »
95a.	2 pence violet	E 1f 25	» »
96.	4 » carminé, "registration". . .	» »	» »

1886. *Types de 1869-81, relief, avec* STAMP DUTY *en relief blanc, sur les côtés de l'effigie, papier azuré.*

105.	1 p. vert	E » 60	» »
106.	2 » violet.	E 1f »	» »
107.	4 » rose "registration" . . .	E 2f »	» »

1886. *Même effigie, pas de relief.*

112.	1 penny vert	» »	» »

1890. *Type de 1885.*

126.	1 penny brun rouge. . .	E » 50	» »

1891. *Effigie de Victoria à gauche, relief et couleur (pour lettres enregistrées).*

Nos		Neuves.	Oblitér.
144.	3 pence carmin. . .	E 1f »	» »

1892. *Même effigie, types de 1885, relief et couleur.*

148.	1 penny rouge. . . .	» »	» »
149.	2 pence rose.	E » 75	» »

Enveloppes de service

1865. *Armes, timbre à main, papier bleu ou blanc; environ vingt sortes :*

50a.	*Postmaster general.*	» »	» 15
50b.	*Treasurer . . . . .*	» »	» 50
50d.	*Com. of Crown Lands*	» »	» 25
50f.	*Minister of Justice.*	» »	» 50
50g.	*Chief Secretary . .*	» »	» 50

etc., etc.

Bandes

1869. *Même effigie.*

53	1 penny vert	» »	» »

1874. *Idem, avec valeur en surcharge.*

Nos		Neuves.	Oblitér.
58.	½ rouge sur 1 p. vert.	» »	» »

1882-83. *Même effigie.*

81.	½ penny rose	» »	» »
76.	1 » vert	» »	» »

1885. *Même effigie.*

93.	½ penny rose	» »	» »
94.	1 » vert	» »	» »

1885. *Bandes de 1882-83, avec* STAMP DUTY *en surcharge bleue.*

103.	½ penny rose. . . .	» »	» »
104.	1 » vert	» »	» »

1886. *Même effigie.*

113.	½ penny lilas. . . .	» »	» »
114.	1 » vert. . . .	E » 40	» »

1887. *Idem.*

119.	½ penny rose	E » 25	» »

1890. *Même effigie.*

Nos		Neuves.	Oblitér.
130.	1 penny brun rouge.	E » 40	» »

Feuille-télégramme

1873. *Timbre au type de l'enveloppe n° 52, relief et couleur, formule imprimée en rouge.*

59.	1 shill. bleu	» »	» »

WURTEMBERG

ROYAUME

Europe Centre

Enveloppes

1862. *Chiffre, relief et couleur, grosses inscriptions obliques vertes à droite, papier blanc.*

29.	3 kr. rose.	» »	» »
30.	6 » bleu.	E 15f »	2f »
31.	9 » brun	E 20f »	» »

1863. *Idem, petites inscriptions obliques vertes, papier azuré.*

32.	3 kr. rose.	» »	E 5f »
33.	6 » bleu.	» »	» »
34.	9 » bistre	» »	» »

1865. *Idem, inscriptions de diverses couleurs, papier azuré; seul le 1 kr. a l'inscription à gauche de l'enveloppe.*

Nos			Neuves.	Oblitér.
35.	1 kr.	vert *inscr. violet*	E » 60	» 10
36.	3 »	rose *inscr. noire*	E 2f »	» 10
37.	6 »	bleu *inscr. jaune*	E 3f »	» 50
38.	9 »	bist. *inscr. verte*	E 2f 50	» »

1874. *Idem, sans inscriptions, papier azuré.*

65.	3 kr.	rose	2f »	» »

1875. *Même genre, relief et couleur, papier azuré.*

75.	5 p.	violet	E » 40	» 10
76.	10 »	rose	E » 75	» 10

1875. *Type octogone de 1865 avec type de 1875 dessous, papier azuré.*

93.	1 k.	vert & 5 pf. viol. .	E 2f 50	» »
94.	3 »	rose & 10 » rose.	E 2f 50	» »

1875. *Estampille de 1 k. relief, barrée et timbre de 5 pf. imprimé à gauche, papier rose. Enveloppe spéciale pour la fête des Arquebusiers de Stuttgard.*

96.	5 pf. violet & 1 k. vert.	» »	» »

1882. *Types de 1875 en cours, papier de fantaisie. Enveloppes de commande.*

Nos			Neuves.	Oblitér.
118.	5 pf.	violet	» »	» »
119.	10 »	rose	» »	» »

1890. *Type de 1875.*

126.	5 pfennig vert. . . .	» »	» »

Enveloppes de service

1875. *Chiffre.*

79.	5 pf.	violet	E » 75	» »

1881. *Même type à droite.*

115a.	5 pf.	violet	» »	E » 20
115b.	10 »	rose.	» »	E » 20

1890. *Type de 1875.*

127.	5 pfennig vert. . . .	» »	» 35

1890. *Type de 1881.*

128.	5 pfennig vert. . . .	» »	» 20

Enveloppes de guerre

1870. *Composition typographique, noir sur blanc, deux types.*

Nos		Neuves.	Oblitér.
46.	Pour l'armée	e» 35	» »
47.	Pour le public	e» 35	» »

Bandes

1872. *Chiffre.*

54.	1 kr. vert	E» 35	» »

1875. *Chiffre.*

Nos		Neuves.	Oblitér.
74.	3 pf. vert	E» 35	» »

1882. *Idem, papier de fantaisie. Bande de commande.*

117.	3 pf. vert	»	» »

1890. *Type de 1875.*

129.	3 pfennig brun . . .	E» 50	» »

Paris. — E. Kapp, imprimeur 83, rue du Bac.

Vue de la Maison MAURY, 6, Boulevard Montmartre, PARIS

6221 — IMPRIMERIE G. RICHARD, 5, RUE DE LA PERLE, PARIS.

www.ingramcontent.com/pod-product-compliance
Lightning Source LLC
LaVergne TN
LVHW020031170826
845678LV00001B/215

* 9 7 8 2 3 2 9 7 3 8 0 1 7 *